9割の
経営者が
知らない

会社のお金を増やす方法

公認会計士
税理士
山田直輝

SOGO HOREI PUBLISHING CO., LTD

はじめに

会社が設立されて10年後に生存している企業は、２社程と言われています。多くの会社が、数年で倒産していく現実が日本にはあります。会社を経営するというのは、簡単な話ではないのです。フリーランスが増加し、会社が資本金１円から設立できるようになり、昔よりも手軽に、独立をすることが可能になりました。しかし、独立しやすいことと、永く会社を続けることができるかは違います。

私は、２００９年24歳のときに公認会計士試験に合格。そこから、世界で最大の会計事務所で働き、世界でも有名な会社や上場会社の内情を公認会計士として見てきました。経営・税務・財務の仕組みやビジネスモデル等を見てきました。

数年後の２０１５年に、私は、公認会計士・税理士として独立をして、設立したての会社や小さな商店等といった規模の小さな中小零細企業を相手に、アドバイスを始めました。

そこで、大きな衝撃を受けるとともに大企業と中小零細企業の明らかな違いを感じました。

特に、経営者の「経営」「税務」「財務」に関しての知識の不足や意識の低さが弱い会社をつくっていました。風が吹けば吹き飛ぶような会社を社長自らがつくり上げていると感じました。これでは、確かに10年後に生存している会社が何社あるのか疑問でした。

会社は、設立して、2、3年後にたたむつもりで経営をしているのではありません。会社は、一生涯続くために、設立していると思います。そのためには、強い会社にしていく必要があります。IT革命やリーマンショック、新型コロナウイルス等の大きな経済環境の変化がある場合でも、経営が続く強い会社である必要があります。「永続する会社」「潰れない会社」。そんな、会社づくりの方法を多くの社長、または独立を志す人に知ってもらいたいと考えて、こちらの本を執筆致しました。

永続する会社をつくるにあたり、1番大事なことを1つ挙げるとすると、「会社の財布」です。会社の財布のなかにいかに現金を貯めるのかが最重要なことなのです。

売り上げがいかに高くても、利益がどれだけあっても、節税がどれだけできても、社員を何人雇用していても、会社の財布のなかに現金が入っていなければ、会社は倒産するのです。「売り上げを上げよう」、「節税しよう」、そんな言葉に踊らされている経営者が多すぎると感じました。確かに、経営において「売り上げを上げること」「節税すること」は大切です。しかし、これは、会社を永続させるための手段として行っていると思います。一番重視することは、「永続する会社」づくりであるはずです。

中小零細企業と大企業で違うのは、社長が株主であることが多いかと思います。そうすると、会社の財布、社長自身の財布、そして、ご結婚されていれば、家計の役割を担うパートナーの財布があります。この3つの財布の現金をいかに増やすかが、強い会社をつくることにつながるのです。

それでは、「潰れない会社」をつくるための効率的な、現金の増やし方について、お伝えさせていただきます。

公認会計士・税理士　山田直輝

第2章 税金力を鍛えて会社のお金を増やす

第3章 税金力をもっと鍛えて社長とパートナーのお金を増やす

第4章 財務力を鍛えて会社のお金を増やす

付録　お金を残す税理士を選ぶ

企画協力／株式会社エム・オー・オフィス
編集協力／金指歩
カバーデザイン／木村勉
本文デザイン・ＤＴＰ／横内俊彦
校正／池田研一

第1章

経営力を鍛えて会社のお金を増やす

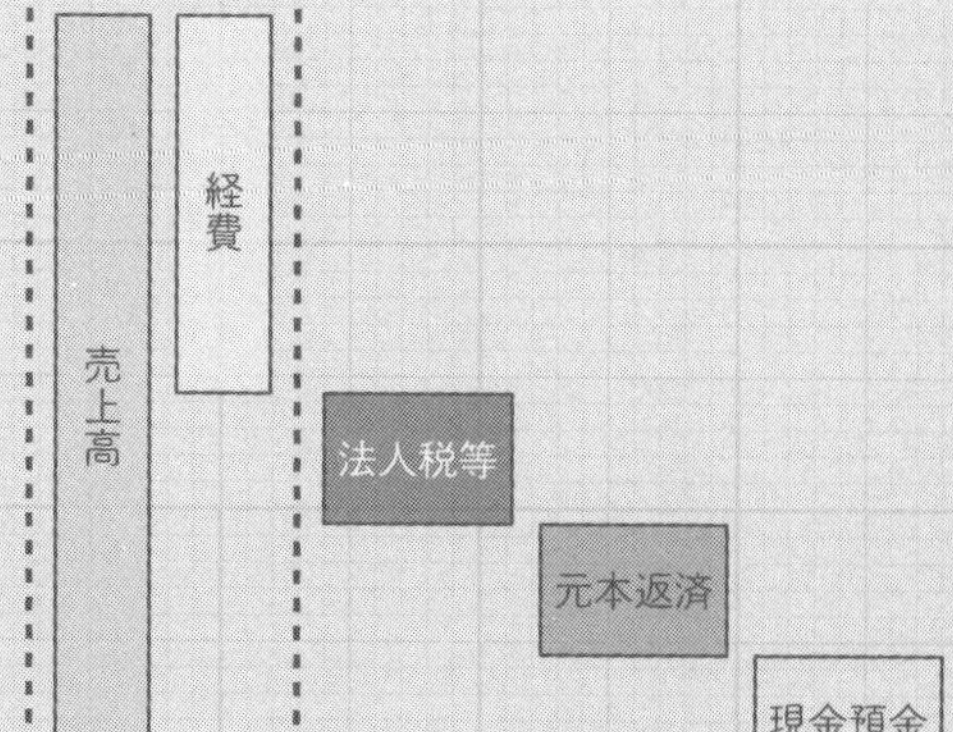

あなたの会社の預金残高はいくらありますか？

この本を手に取られた方は会社に現金預金をどのくらい貯金しているでしょうか？

「万が一のときのために、現金預金はある程度確保してある」という方もいれば、「いやいや、現金預金があったら税金を多く納めないといけないから、なるべく残さないようにしているんだ」という方もいると思います。

国税庁が2020年3月19日に公表した「平成30年度 国税庁統計 法人税表」（2018年度）によると、全国の普通法人274万7492社のうち、その年に赤字だった法人は181万6508社でした。

とても多い数ですね。**割合にすれば、実に法人の66・1％、つまり半分を超える企業が赤字決算を出したことになります。**

このなかには、あえて赤字決算を出した会社もあるでしょう。赤字ならば払わなくて済む税金もあるからです。たしかに税金は会社にとって大きな支出です。社長ならばなるべく圧縮したいと思うのが当然でしょう。

しかし、**赤字決算を出すということは、当然現金預金は増えません**。蓄えるためのお金が手元に残らないからです。

では、現金預金は本当に重要なのでしょうか？

私は、長年の経験をもとにクライアントに、「現金預金を確保しておいた方がいいですよ」とお伝えしている理由に、次のような3つのメリットがあります。

メリット①　倒産しない会社をつくれる

会社の多くは、起業から数年～十数年のうちに倒産していきます。2020年版「中小企業白書」によると、2018年の開業率は4・4％。廃業率は3・5％で、開業率のほうが上回っている状態でした（図1－1）。

2020年に倒産した中小企業7773社のうち、最も多かった廃業理由は「販売不振」でした（図1－2）。販売不振によって黒字経営が難しくなり、やむなく倒産していく。そんな企業の姿が目に浮かびます。

そして、2020年～2021年は新型コロナウイルス感染拡大の影響で、廃業率が高まるのではないかと予想されています。

とくに、時短営業を余儀なくされた飲食業、外国人の訪日が減った観光業はこの傾向を強く受けるのではないでしょうか。

こうした倒産を防ぐためにはどうすればよいのでしょう。

答えは**「現金」を持つことです**。当然のことですが、**会社に預金残高があれば、販売不振や取引先の倒産などで自社が倒産する確率を、圧倒的に下げられます**。利益を出せない時期があっても、当面の間の必要な資金を補填できるからです。

会社を存続させることは、従業員に対する最大の福利厚生であり、とても重要です。

ですから、会社を継続させることは、社長が第一に考える最大のミッションだと私は思います。そのためにも、潤沢な現金を会社に残しておくことは大切なのです。

図1-1　企業の開業率・廃業率の推移

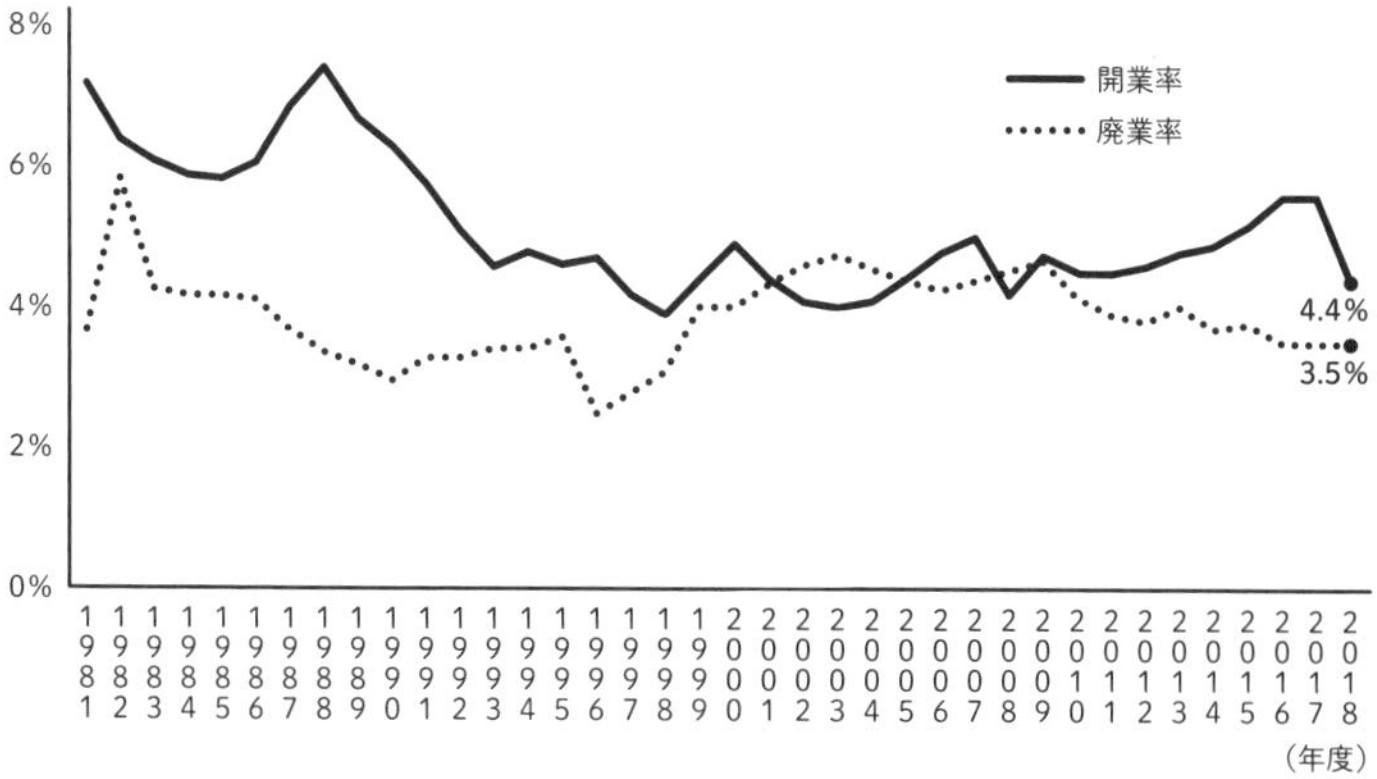

出典：中小企業庁「中小企業白書」第1部 令和元年度（2020年度）の中小企業の動向 第3章

図1-2　企業の倒産原因

	放漫経営	過少資本	連鎖倒産	既往のしわよせ	信用性の低下	販売不振	売掛金回収難	在庫状態悪化	設備投資過大	その他	合計
2020年　1月	53	31	39	83	1	546	2	1	1	16	773
2月	31	21	28	64	3	479	8	0	6	11	651
3月	41	27	28	76	4	533	4	0	6	21	740
4月	36	17	38	74	5	554	1	0	2	16	743
5月	16	12	15	43	6	201	1	0	3	17	314
6月	50	20	39	66	2	574	4	0	5	20	780
7月	35	21	32	78	3	599	0	0	4	17	789
8月	29	14	31	65	1	503	2	0	3	19	667
9月	26	12	14	53	0	441	0	1	4	14	565
10月	23	11	32	65	2	469	2	0	4	16	624
11月	28	10	34	48	2	421	0	0	6	20	569
12月	22	9	31	56	5	409	2	0	3	21	558

出典：中小企業庁「中小企業白書」原因別倒産状況

現金預金を持つことは倒産リスクを下げられるだけではありません。

メリット② チャンスの神様の前髪を掴める

チャンスの神様は、前髪しかないという話をご存じでしょうか。

ギリシャ神話のなかに、カイロスという男性の神がいます。カイロスは、ギリシャ語で「機会（チャンス）」を意味します。

カイロスの風貌は、前髪は長いが、後頭部は剥げている美少年なのです。チャンスの神様は前髪しかないので、**機会（チャンス）はすぐに捉えなければ後から捉えることはできないと言われているのです。**いつ、チャンスが来てもよいように、**準備しているものだけが、チャンスを掴むことができるというわけです。**

会社経営をしていると、投資の機会が突然訪れることがあると思います。近年は経営の事業継承が問題になっていて、中小零細企業にもM＆Aの話が来ることが増えました。事業や法人を買収することも、頻繁に行われるようになって良い売り案件は急に訪れます。

また、知り合いの社長と意気投合して、ともに出資してビジネスを展開することも少なくないでしょう。

しかしそのときに原資となる現金がないと、チャンスを掴むことが難しくなります。**金融機関に融資をお願いするのにも、審査等に1カ月ほどかかる場合もあります。その時間でチャンスの神様は逃げてしまうのです。**

こうした機会を逃してしまうのは社長としては惜しいと感じるはずです。チャンスを掴めば、一気に何百万、何千万、何億円と売り上げが変わるのが、事業家の世界です。ですから、現金を手元に所有しておいて、いつでも良い話に乗れる体制を整えておくべきではないでしょうか。チャンスは、きちっと準備をしていた者が掴めます。

メリット③　楽に経営できる

今度は現金預金がないとどうなるか考えてみましょう。

あなたが経営している会社が切羽詰まっている状況だったとします。「数日先に資金がショートするかもしれない」。そんな不安があると、キャッシュフローに神経質になったり、金融機関から融資を受けるためにキャッシュフロー表を作成して交渉する必要が出てきたりします。そして、このキャッシュフロー表の作成にも人件費がかかるので、余計にコストが積み上がります。

一般的に経営における**社長の大きな悩みは、2つだと言われています。**

1つ目はお金に関する悩みで、キャッシュフローのことです。どうやって、お金を工面するのか。人によっては、借入金の返済に追われて、自殺してしまう社長もいます。

2つ目は人に関する悩みで、人材採用や人材育成などです。思うように、従業員が動いてくれないことや、思うような採用ができない点が挙げられます。

しかし常日頃から現金預金を貯めていればどうでしょう。**お金の心配を極力排除した状態で経営でき、無駄なコストも削減できるはずです。**より経営に集中することで、事業を大きく成長させたり、新たなビジネスチャンスを掴んだりできるかもしれません。

現金預金がある＝経営の好循環を生み出せるのです。

ある調査によると、起業から10年後に企業が生存している可能性は26％程度と言われています。10人の経営者がいたら、７、８人は事業家の世界から消えることになります。生存確率を１％でも上げ、長期にわたって会社を繁栄させるためにも、もしあなたが「現金預金があるのはもったいない」「納税するのは悪だ」という考えを持っているのなら、いますぐその思い込みから脱却しましょう。

童話『3匹の子豚』で会社の経営のステージを知る

『3匹の子豚』という有名な童話は、皆さんも子どもの頃に一度は読んだことがあると思います。1番目の子豚はわら、2番目の子豚は木、3番目の子豚はレンガで家を建てたところ、最も時間をかけて作ったレンガの家だけが、オオカミに吹き飛ばされずに残った、というお話です。

実は、この『3匹の子豚』の話は、起業から理想的な会社の状態になるまでの各段階に例えることができます。日本にあるさまざまな会社をこの3種類に当てはめると、どう表現できるのか説明していきましょう。

はじめは「わらの家」からスタート

法人設立1年目の会社は、1匹目の子豚が建てたわらの家に例えることができます。

来期の売り上げが立つかどうかもわからない状態は、まさにオオカミによって壊されてしまうわらの家と同じです。とても不安定なため、ちょっとした環境の変化で会社が傾いてしまうこともあります。

現金預金が少ない「木の家」

法人設立から数年～十数年ほど経ち、利益を積み重ねて現金預金もいくらか保有している会社は、2匹目の子豚が建てた木の家に例えることができます。**わらの家よりは安定しているものの、多くの場合は、節税のために経費を多く計上しているので、利益部分が薄いのが難点。**オオカミが吹き飛ばしてしまったように、何かしらの外的な影響があれば、一気に崩れてしまうこともあります。

金融機関から信用されている「レンガの家」

では、最後の3匹目の子豚が時間をかけて建てたレンガの家は、どのような会社を指すでしょうか？

私は、**通帳に現金預金が残っていて、各金融機関からも信頼されているような会社**

図1-3 『3匹の子豚』を会社に例えたイメージ

	わらの家	木の家	レンガの家
現金預金	ほとんどない	少ない	潤沢にある
当座貸し越し枠	ない	ない	ある
その他の特徴	●会社を建てたばかり ●吹けば飛ぶような状態	●代表者がいないと仕事が回らない ●節税意識が高く、利益が残りにくい	●会社が組織化されていて、代表者がいなくても機能する ●節税もするがきちんと納税している

だと思います。

このステージに当てはまる会社は、環境変化や業績変動によってキャッシュフローが悪くなったとしても、金融機関から3000万～5000万円程度の「当座貸越枠」をもらっているのが特徴です。そのため、ビジネスの主軸を転換する余裕すらもある状態です。

当座貸越枠というのは、銀行が行うサービスで、普通預金の残高が不足した場合に、同一の口座で借入ができるサービスです。

つまり、銀行に出向き、借入金の申込書を作成して、銀行に審査をしてもらうといったような流れが必要なく、自動的に借入をできるサービスになります。これは、一定程度の財務健全性の高い会社（要は借入しても返せる体力のある会社）のみに枠が設定され、その枠のなかで自動的に借入できます。銀行は安心して貸せる先にしか、このようなサービスを提案しません。

このレンガの家に到達すれば、オオカミが息を吹いても、燃やそうとしてもびくともしません。どんな経済変化があっても耐えることができるのです。

あなたの会社を「レンガの家」にする方法

皆さんの会社は、どの家に当てはまるでしょうか？

私は今まで数百社のクライアントと面談しました。**中小企業は、わらの家が6割、木の家が3割、レンガの家が1割という印象です。**わらの家や木の家では、ちょっとした想定外の出来事で簡単に倒産してしまいます。だからこそ、新型コロナウイルスの感染拡大など、ビジネス環境に大きく影響を与えるようなことが発生した現在、多くの会社が岐路に立たされているのでしょう。

ではどうやったらレンガの家にすることができるのでしょうか。

まず、**わらの家から木の家に成長するためには、不要な節税をせずに安定して利益を上げることです**。そして、繰り返しになりますが、一定の税金を納めることが必要になります。制度の構造上、**税金を納めずに預金を貯め続けるのは、難しいからです。**

木の家からレンガの家に成長するためには、**会社が組織化されていて、金融機関からの信頼を勝ち得るような業績をつくる必要があります**。長く繁栄する企業をつくるためには、会社を属人化せず、誰が運営しても成り立つような仕組みを構築していることも大切です。中小零細企業でも、このような安定感を持った企業をつくることは可能だと考えています。また、将来的に自分の会社を他人に継承させることを考えているのであれば、レンガの家を目指したほうが会社を高く売却することができます。

経営力・税金力・財務力で現金預金を増やす

安定した企業経営に不可欠な現金預金。この現金預金を多く蓄えるのに必要な力が３つあります。それは、「経営力」「税金力」「財務力」です（図１－４）。

まず、経営力には、２つの種類があります。

１つ目は、**売り上げから経費を差し引いた利益部分を最大化させるための力です。**売上高をいかに上げ、適切な経費を計上するかという経営力は、会社経営に必要な根本的な要素です。私は、**これを「攻めの経営」と呼んでいます。**社長ならまずこの攻めの経営に着目するでしょう。

そして、**攻めがあれば、「守りの経営」もあります。**こちらが２つ目で、**１日でも長く会社経営を続けるためにはどうしたらよいかという考え方です。**これは売上や経費ではなくて、時間軸を重視した考え方になります。

図1-4　安定した経営に必要な３つの力

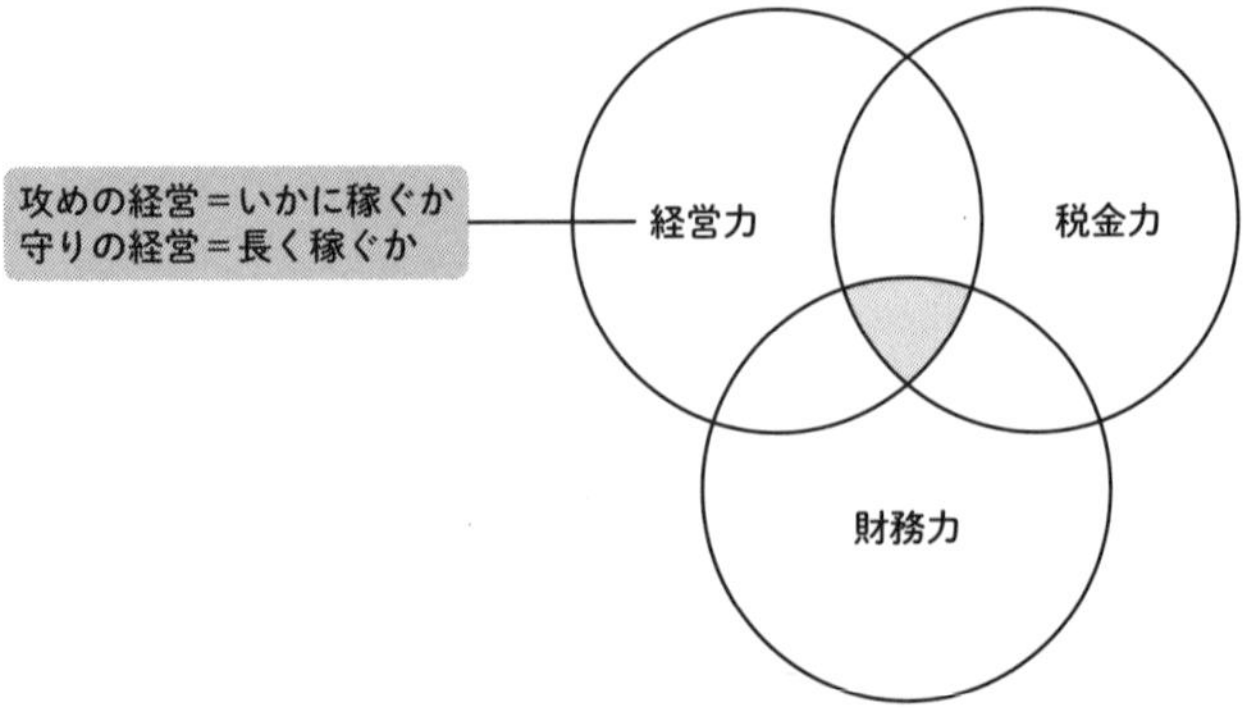

●経営力、税金力、財務力、この３つの力がないと会社の通帳残高は増えない。

次に**税金力。経費などをコントロールして、税金を最小化させるための力です。**

会社利益に対して適切な節税を行って、税金を支払ったり税金の還付を受けたりと、税金をコントロールしていくのです。これをタックスマネジメントといい、いかに上手に効率的に節税をするかが鍵になります。

最後の**財務力は、借入の返済元本を最小化させる力です。**

言い換えれば、利益から税金を払った後、借入金を上手に返済するための力です。いかに金融機関の信用を勝ち取り、使えるお金を増やしていくかが重要となります。

金融機関からの借入金がある会社に必要な力で、特に借入金のない会社では、「経営力」と「税金力」を鍛えれば問題ありません。

こうして3つの力を使ったあとに残るのが、現金預金となります。

つまり、**売上高をいかに上げるか、経費をいかに下げるか、税金をいかに下げるか、返済元本をいかに下げるかが現金預金を増やす方法なのです。**

多くの方は、特に攻めの経営力を上げるためにさまざまな努力をされていることでしょう。

しかし、守りの経営、税金力や財務力に関してはあまり意識していないのではないでしょうか？　税金はすでに税率が決まっており、借入は金融機関との取り決め通りに支払わないといけない。そういったことから、コントロールできない部分も多いと思っているのではないでしょうか。

図1-5　理想的な会社のお金の構造

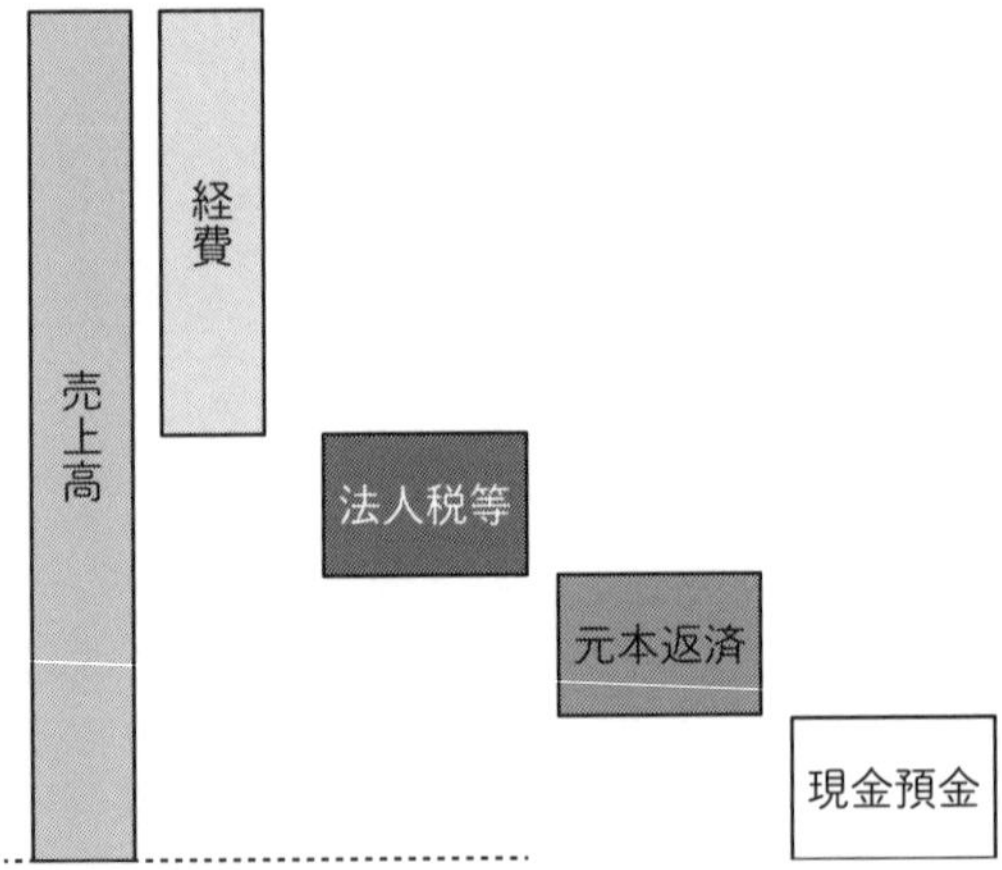

たしかにそういった部分はありますが、経営力に加えて税金力と財務力も身につければ、会社の経営状況を包括的に把握でき、より最適な選択が行えるようになります。

会社経営で考えるべき3つの財布

「はじめに」でも述べましたが、会社経営を行うにあたり、３つの財布が存在すると私は思っています。

１つ目は、**会社の財布**。社長であれば、誰しもが考えることでしょう。

次に**社長の財布です**。会社から得た利益をいかに自分の財布に入れるかという視点です。

最後に、**配偶者やお子様がいる場合**には、**承継の意味でパートナーの財布がありま す**。会社経営を考えるとき、この3つの財布を増やしていくことが必要です。まとめると、次のようになります。

・会社の財布：会社の預金残高を増やす
・社長の財布：社長個人の預金残高も増やす
・パートナーの財布：パートナー（妻又は旦那）の預金残高を増やす

会社を持った社長の強みは、この2つ、もしくは3つの財布が活用できることです。一生涯続く会社をつくるためには、**「会社の財布」→「社長の財布」→「パートナーの財布」の順に増やしていくといいでしょう**。

財布の中身を充実させるための方法は、次の通りです。

会社の財布を厚くするためには、3つの力「経営力」「税金力」「財務力」を養うこと。その上で、いかに稼ぐかを考える「攻めの経営」と、いかに長く稼ぐかを考える「守りの経営」を行います。

それぞれ本章にて、順を追って説明していきます。

会社運営に最低限必要な貯金額

ここまで現金預金の必要性を理解したところで、今度は会社にどれくらいのお金を確保しておく必要があるのかを説明します。

まず、あなたの会社にかかる1カ月分のコストである「固定費」を計算してみましょう。以下に簡単な計算式を用意しました。固定費とは、売上が上がらなくても、かかる経費のことをいいます。

【固定費の算出方法】

1カ月分の固定費＝役員報酬＋従業員の給料＋地代家賃＋α

一般的に、役員報酬や従業員の給与等の人件費、地代家賃は固定費の代表として挙げられます。他に固定的にかかっている金額があれば、自社の固定費を算出するために、足し合わせてください。固定費を算出したら、何カ月分の固定費を蓄えておく必要があるか考えます。**安全運転で会社を運営するなら、固定費を6カ月分確保しておくと安心**です。

6カ月分の預金があれば、仮にコロナ禍のような環境変化があったとしても、会社の預金がプラスのうちに会社の建て直しが図れる可能性が高いからです。6カ月分というのは、**あくまで目安です**。

例えば、ITバブルやリーマンショック、新型コロナウイルス等のように10数年に1回ほどの頻度で、大きな経済変化があります。今までは、安泰であった業種が急に安泰ではなくなります。大きくビジネスのルールが変わる瞬間があります。

そのときに、会社としての方針を大きく変更する必要があります。業態の変更も決断しなければいけないかもしれません。明日入るはずの売上が入金されなくなった際に、**どれくらいの期間があれば、次のビジネスを立ち上げることができるかを目安に金額を決めてもらうとよいかと思います**。

運転資金を理解してキャッシュフローの良い会社をつくる

さらに安全運転を心がけるなら、6カ月分の固定費に加えて毎月の「運転資金（正常運転資金）」も確保しておくと安心です。運転資金とは、今のビジネスを成り立たせるために必要な通帳残高です。次の数式で算出できます。

【運転資金の算出方法】

運転資金＝売掛金＋棚卸資産－買掛金

ちょっと聞き慣れない言葉が出てきたかもしれません。ここで簡単に説明いたします。

売掛金とは、サービスや商品の提供後、まだ入金されていない分のお金のことをいいます。入金までの期間が長いほど、売掛金は大きくなります。

例えば、ホームページ作成事業について、考えてみましょう。1月にホームページ

図1-6　売掛金、棚卸資産、買掛金のイメージ

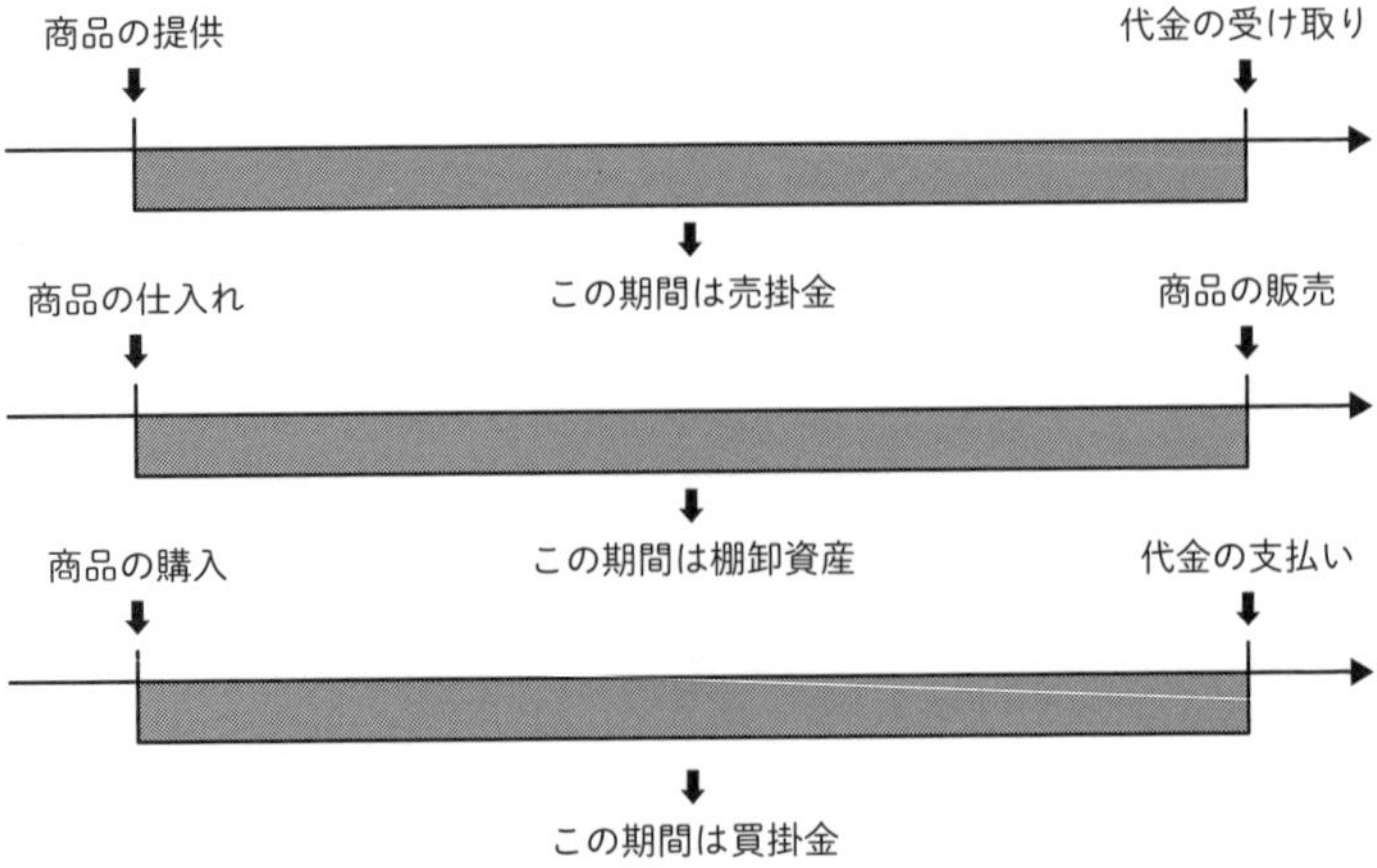

の作成依頼を50万円で受けたとします。2月にホームページを作成して、2月末に請求書を先方に発行しました。そうすると、お客様からの入金は3月になります。2月末決算の場合、売掛金が50万円計上されます。

次に、**棚卸資産とは、商品を仕入れたものの、まだ販売していない資産の金額のことです。**

例えば、物販業で考えてみましょう。

中国のネット通販で商品を仕入れて、日本のネット通販サイトで販売する事業を立ち上げた場合、1月に10万円の商品を中国の通販会社に注文しても、自身の手元に商品が到着するのは2月になります。

さらに、そこから出品登録して、日本のネット通販サイトに掲載するのは、商品が到着して数日後になります。そのため、実際に販売されるのは、3月です。この場合も、2月末決算であれば、棚卸資産として10万円が計上されます。

最後に、買掛金とは、サービスや商品を提供してもらったが、まだ払っていないお金のことをいいます。出金までの期間が長いほど、買掛金は大きくなります。

例えば、1月に八百屋さんが20万円分のみかんを注文します。みかんは2月に届きます。3月には、お店に陳列をして、みかんが売れていきます。しかし、実際の支払いはみかんが到着（2月）してから翌月の末日（3月）であるため、2月末決算の場合は、20万円分の買掛金が計上されます。

ここでわかることは、**売掛金はより少なくし、販売してから入金するまでのサイクルをいかに短くするかが大事だという点です。棚卸資産は、仕入れてから売るまでの期間をいかに短くできるのかがポイントです。**

一方で、**買掛金は、仕入れてから支払うまでの期間をいかに長くできるかにより、**

必要な運転資金の金額が変わります。これらの要素によって、会社としてどのくらいのお金を常日頃から通帳に入れておく必要があるかが決まるのです。

この運転資金は、現在の事業を行うにあたり、会社が財布に残しておく必要がある、最低限のお金です。理論的には、このお金が通帳残高に入金されていないと、キャッシュフローが回らないことになります。

売掛金・棚卸資産・買掛金がよくわからなくても大丈夫です。

会社経営をされている方は、自社の決算書を手元にご用意してください。**決算書のなかの貸借対照表と記載されているページを見てください**。「売掛金」「棚卸資産」「買掛金」という欄があります。その数値を持ってくれれば、自社の運転資金の計算をすることができます。算出した金額は、最低限通帳のなかに入れておくようにしましょう。

売上高が大きくなると、運転資金も大きくなる傾向にあります。前述した、ホームページ事業を行っている方の話を例に取ると、2月中に1000万円の受注を得た場合には、2月末の運転資金は1000万円として算出されます。取引の規模が大きくなれば、運転資金は増加するという関係にあります。

売上の増加≒運転資金増加の関係があります。ということは、**売上が増えれば増えるほど、通帳の残高を多くしておかないと、キャッシュフローが回らない可能性があります**。売上が上がっているのに、何でキャッシュフローにいつまでも悩まされているんだろう、と思っている社長は、この運転資金のしくみを理解していない可能性があります。

運転資金を縮小する方法は、次のような施策が考えられます。

お金の流れを変えることにより、キャッシュフローの良い会社を作ることができるので、ここからが、社長としての腕の見せどころかと思います。図の運転資金の減らし方を見てください。

・サービスを提供してから入金までの期間を短縮して、売掛金を少なくする
・受注生産を増やして棚卸資産を圧縮する

図1-7　買掛金と棚卸資産と売掛金

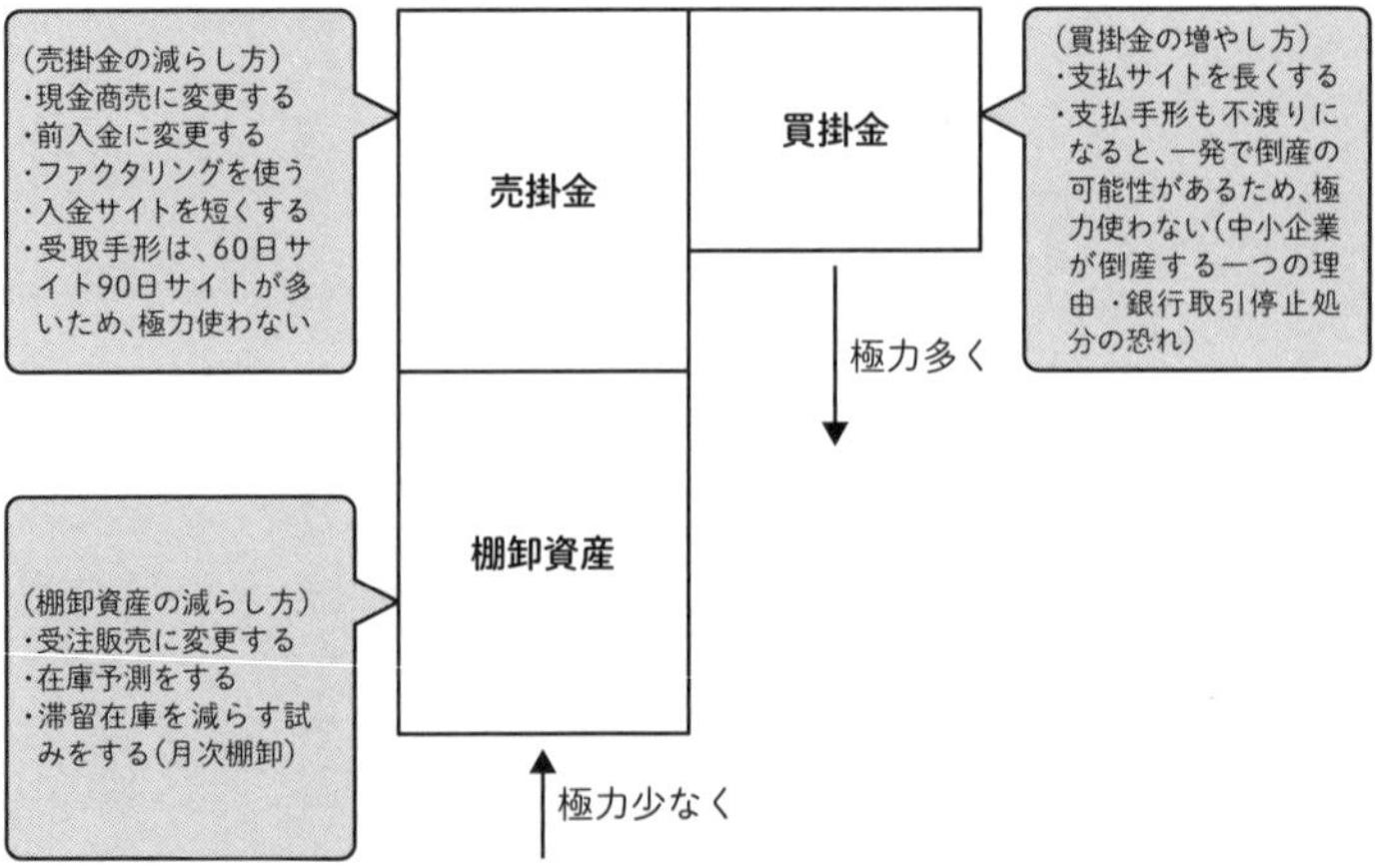

（売掛金の減らし方）
・現金商売に変更する
・前入金に変更する
・ファクタリングを使う
・入金サイトを短くする
・受取手形は、60日サイト90日サイトが多いため、極力使わない
売掛金
買掛金
（買掛金の増やし方）
・支払サイトを長くする
・支払手形も不渡りになると、一発で倒産の可能性があるため、極力使わない（中小企業が倒産する一つの理由・銀行取引停止処分の恐れ）
極力多く
棚卸資産
（棚卸資産の減らし方）
・受注販売に変更する
・在庫予測をする
・滞留在庫を減らす試みをする（月次棚卸）
極力少なく

・サービス提供を受けてからお金を払うタイミングを遅らせ、買掛金を多くする

運転資金を上手にコントロールして、キャッシュフローの良い会社を目指しましょう。

５つの利益経営力で大事な

現金預金を増やすためには、「利益」について知っておく必要があります。
しかし、そもそも「利益」とはなんでしょうか？
「今さらなんだよ、そんなこと」と思わないでください。何事も基本が大事です。

会社経営をする上で、利益には５つの種類があります。

１つ目は、**粗利益（売上総利益）で、これは売上高から売上原価（もしくは製造原価）を引いたものを指します**。自社の核となる商品やサービスによって得た利益です。
例えば、総務部、経理部、人事部等の仕事は、自社の核となる商品やサービスを支える部署です。そのため、当該部署の人件費等はこの粗利益（売上総利益）には入りません。

２つ目は**営業利益。これは売上総利益から販売費や一般管理費を引いたものです。**

営業利益は、自社の本業において稼いだ利益であるため、総務部、経理部、人事部等の経費や地代等も含めてどれくらい利益が出たかという指標になります。

３つ目は**経常利益。営業利益から営業外費用を引き、営業外収益を加えたものです。**先ほどの本業で稼いだ利益に加えて、本業以外の収入と経費を加味した利益になります。

例えば、通帳にお金があれば、受取利息をもらえますが、逆に金融機関からお金を借りていれば、利息の支払いが発生します。当該収入と支出を加味した上で、利益が出ているのかどうかという観点で、利益を見ます。

４つ目は**税引前当期純利益。**経常利益から突発的に発生した特別損失を引き、特別利益を加えたものです。

本業と本業以外の収入経費を差し引いた利益に加えて、臨時的な収入経費を差し引いたものも加えます。例えば、特別損失には損害賠償を支払う場合や特別利益には補助金や助成金を得た場合の収入があたります。最終的には、税金以外のすべてのこと

図1-8　利益の種類

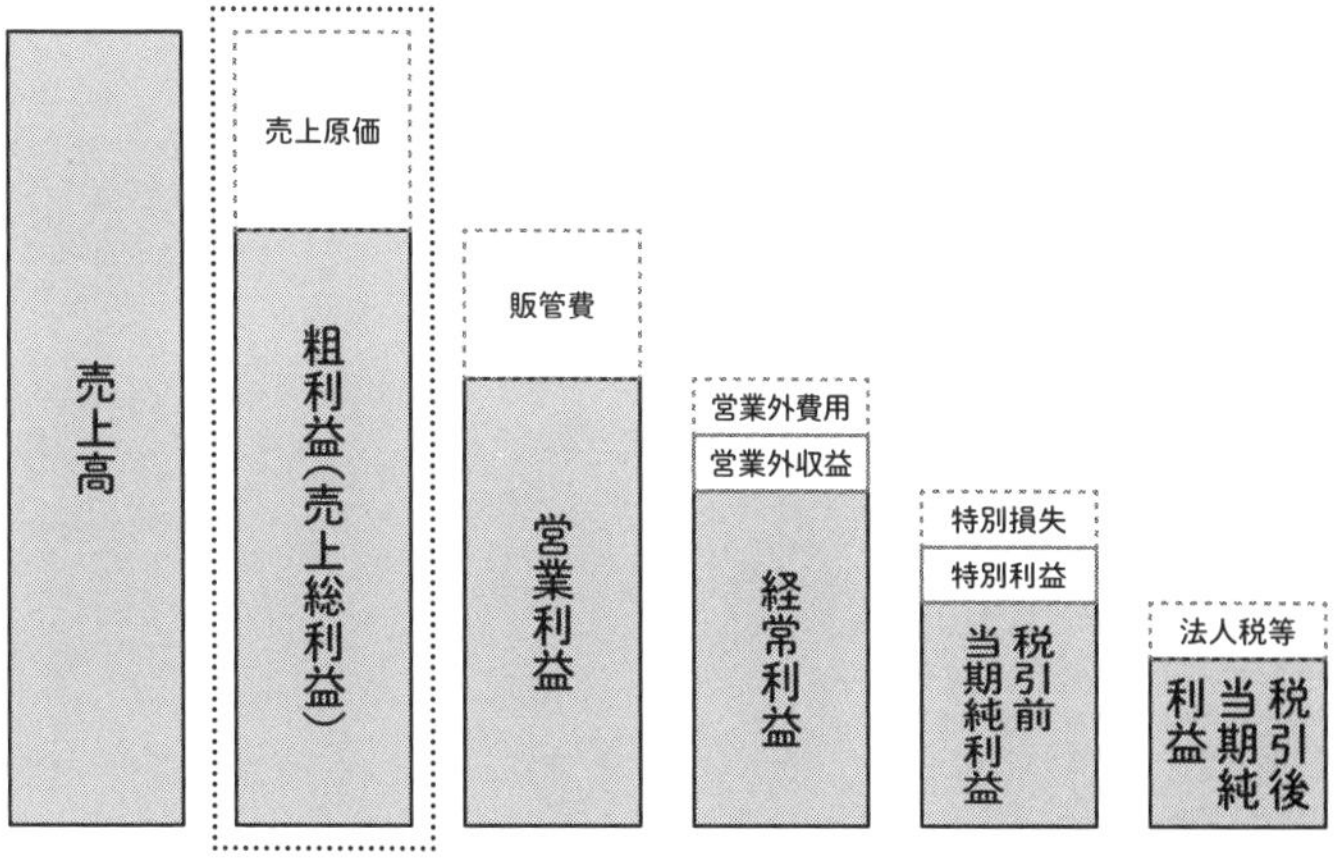

を加味した利益が税引前当期純利益になります。

最後の5つ目は**税引後当期純利益で、税引前当期純利益から税金を引いて残ったものです。**会社が稼いだ利益から法人税等を差し引いた金額になります。

各利益はそれぞれ意味があって重要なものです。**ただ現金預金がどれくらい残るかを把握するときは、税金を差し引いた後の「税引後当期純利益」に着目するとわかりやすいです。**

税引後当期純利益は、まず稼いだ収入から、収入を稼ぐにあたって支出した経費の金額を控除します。その差額が利益になります。残った利益に一定税率をかけると、税金の金額が算出されます。利益から税金を差し引いた金額が、税金を払った後に残る現金預金になります。

良い赤字・悪い赤字

売上高よりもさまざまな経費の方が高いと、その期は赤字になります。ただ、赤字と一言に言っても、**「良い赤字」と「悪い赤字」があります。**

良い赤字とは、翌期への投資のために経費を使い赤字になっているケースです。

その赤字によって将来的に会社の発展が見込めます。

上場を目指す会社には、こういった良い赤字を出している企業も多いです。ソフトバンクの孫正義さんは、2001年度から2004年度まで4期連続で赤字を計上しました。上場している会社は、5期連続で赤字になると上場廃止になりますが、そのギリギリの4期連続赤字を計上しました。

2001年にADSLサービス「Yahoo!BB」を立ち上げた際、「赤字でも良いから、顧客を獲得する」と決めた、戦略的な赤字だったのです。

ここで、一度に多くの広告宣伝方法を試して、１人の顧客を獲得するために、どの広告方法が一番低コストで獲得できるのかを試験していたそうです。一説によると、もっと早く黒字化することはできたのですが、より効率的な顧客獲得方法を模索するために、上場廃止になる寸前まで、赤字を計上し続けたとも言われています。

一方で**悪い赤字とは、経費の無駄遣いによる赤字や特に目的のない赤字のことです。節税を意識するあまり経費を多く使って、最終的には税務署に払うお金はほぼゼロですが、会社の通帳のなかには一銭も残りません。**

また、なぜ赤字になったのかが、わからないというケースはなかなか厄介です。会社の状況を一番よく知っていなければならないのは社長のはず。まずは足元の経営状態をしっかりと把握して、盤石にしましょう。

経費の種類を知る①
その期経費支出

売上から経費を引いて利益が生まれる。その利益によって法人税等が発生する。ここまでわかったところで、今度は経費について具体的に見ていきましょう。

この経費はなかなか厄介な問題なので、ここを理解することで経営力を大きく高めることができます。

まず、**最初に押さえておきたいのは、「支出＝必ずしも経費ではない」ということです。**

支出した分だけ、法人税等が減るかと認識されている方は多いと思います。しかし、支出＝必ずしも経費ではないということは、支出が増えようが支出をしなくても、払う税金の額は変わらない場合もあります。

出金するお金は取り引き相手との契約で決まります。一方で、経費に計上されるか否かは、税金の考え方によって変わります。支出するお金＝当期の経費に計上される場合は、通帳残高は支出分減りますが、それに比例して税金も減りますので、納税に困ることはありません。

また支出するお金が当期の経費に計上されるお金より多い場合、お金は支出されているため、預金残高は減ります。経費の金額が少ないため、税金はそれほど下がりません。支出＝経費になる場合とそうではない場合によって、キャッシュフローに影響しますので、何が経費になり、何が経費にならないのかをざっくり覚えておきましょう。

次の図1－9を見てください。
利益から差し引く経費支出には、次の3種類があります。

①その期経費支出：当期の支出がその期に計上できる経費（当期の支出＝当期の経費）

②今後経費支出：当期の支出が、翌期以降に計上される経費（当期の支出＞当期の

図1-9　経費の種類と概要

支出の種類	経費の例
①その期経費支出	●事務用品費や広告宣伝費等 ●1個あたり30万円未満の消耗品 ●借入金の利息
②今後経費支出 （減価償却費等）	●車の購入 ●店舗の改装費 ●不動産の購入 ●数年間分の費用（前払費用）
③経費にならない支出	●貸付金 ●敷金 ●借入金の元本

経費）

③経費にならない支出：当期の支出は一生経費にならない支出

3つとも詳しくは後述しますが、注意すべきは、③経費にならない支出です。**この支出は経費に当たらないので、利益を圧縮する効果が見込めません。**そのため、通帳からお金が出ていくけど、税金は減らないことになります。

また、今後経費支出も当期の経費に含められる金額が少ないので、当期のキャッシュフローには注意が必要です。その性質を理解せずに使っていると、今期の利益が大きくなります。

その期経費支出とは

①その期経費支出とは、**その期の事業展開のために支出した金額が経費になります。**例えば、オフィスで使うために購入した備品、コピー用紙や文房具などをイメージするとわかりやすいと思います。他には、営業のための広告宣伝費（例えばネット広告などや業務委託に払うお金）、当期に支払いをした借入金の利息なども該当します。

では、パソコンや設備などの支出は、すべて今期に計上していいかというとそうではありません。

10万円未満の経費は、いくら購入してもその期経費支出になります。資本金1億円未満の法人なら、**「1個あたり10万円以上30万円未満の消耗品はその期の経費とすることができる」という決まりを設けています。**よって、30万円未満の支出ならば、たとえ来期以降も継続的に使用する備品でも、その期経費支出に含められます。ただし、**これには年間300万円までという制限があります。**

30万円以上の経費になると、「今後経費支出」として、数年にわたり経費として計上します。

また、法人で生命保険や損害保険などに加入した場合があると思います。このとき、経費に計上するために数年分を一括で支払ったとします。その場合、その期に計上できるのは1年分までで、残りの保険料は基本的にその期ごとに計上することになります。手続きを簡素化するために数年分前払いしても、支払いをした期の経費とはならないので注意しましょう。

経費の種類を知る②
今後経費支出

次は**「今後経費支出」**です。これは、**その期でお金を使っても、今期ではなく来期以降に計上される経費のことを指します。**

もう少し、正確に言うと、今期の経費に全く入らないわけではありません。月数分は経費に入ることができます。一部は経費として入りますが、その多くは翌期以降の経費となります。車の購入費用や店舗の改装費、不動産の購入費用など、**1個あたり30万円以上の支出は、「固定資産」として、今期だけでなく来期以降にわたって計上する決まりになっています。**

この仕組みを「減価償却」といい、定められた期間もしくは割合で、毎年経費計上していくことになります。

この減価償却が会社の財務状態に与える影響は何でしょうか？

図1-10　魔法の経費

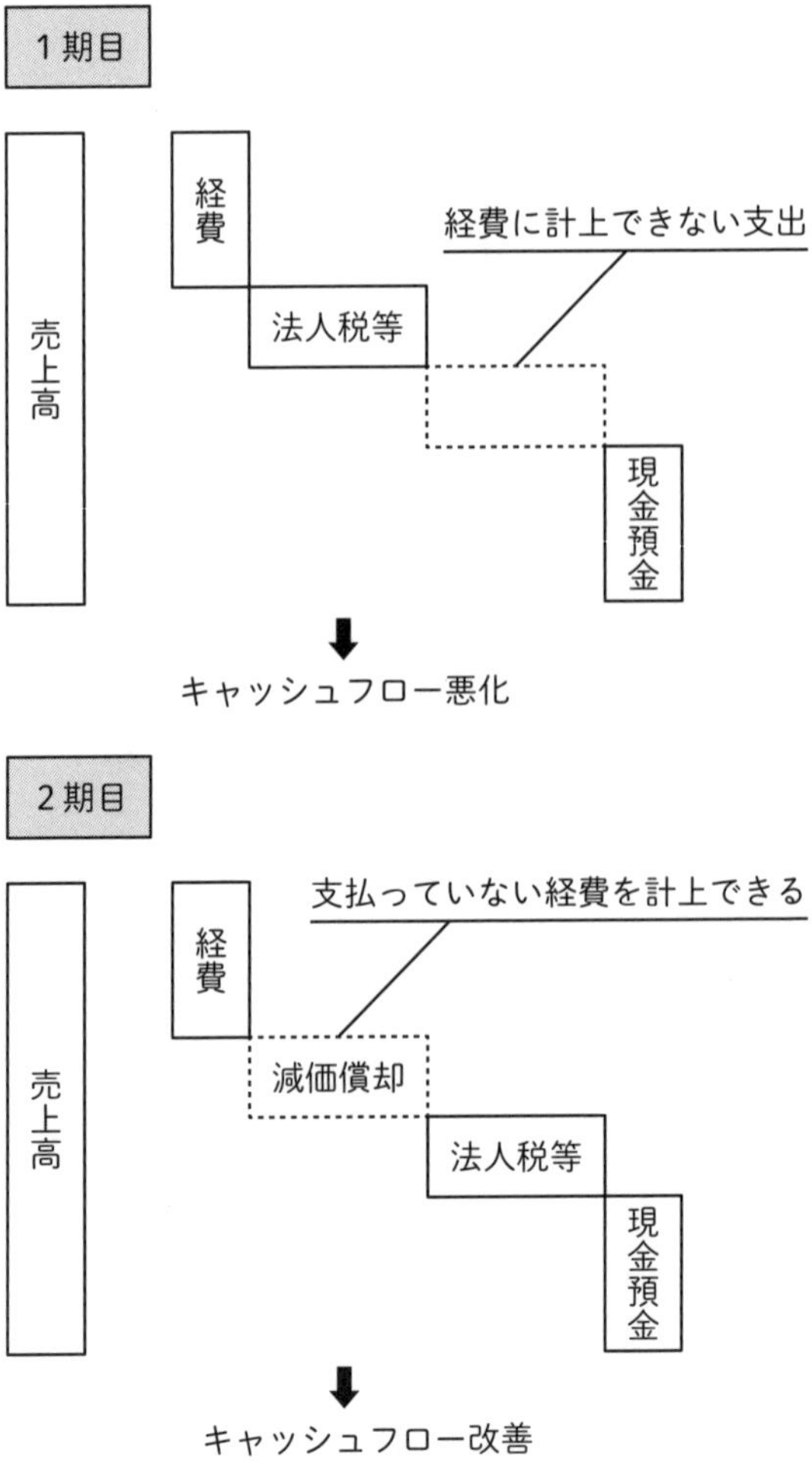
1期目
売上高
経費
法人税等
経費に計上できない支出
現金預金
キャッシュフロー悪化
2期目
売上高
経費
支払っていない経費を計上できる
減価償却
法人税等
現金預金
キャッシュフロー改善

まず経費を支出した**1期目は、実際の支払いよりも経費計上できる金額の方が少ないので、その期のキャッシュフローは悪化します。**支出するお金＞当期の経費という関係性になります。

しかし2期目以降は、**実際には経費を支払っていないのに一定額を経費に含められます。経費計上した分だけ支払う税金が減りますので、キャッシュフローが改善されます。**そのため、2期目以降の経費計上を考えると減価償却は別名「魔法の経費」とも呼ばれます。

大きく経費を計上しようと思うと、「今後経費支出」に該当してしまい、その期は想定よりも、現金預金が少なくなってしまう。そんなことも少なくありません。ですから、その支出が30万円というボーダーを超えているのかどうかをきちんと確認する必要があります。

「定額法」と「定率法」

さらに詳しく減価償却について知りたい人に、「定額法」と「定率法」という2つの計算方法があることをお伝えしておきます。

定額法とは固定資産の購入代金を、法定耐用年数の期間で同額ずつ償却していく方法です。

（例）２００万円で耐用年数５年の物品を購入した場合

５年間で40万円ずつ償却していく。

２００万円＝40万円×５年

定率法とは毎年、未償却の金額から一定の割合で償却していく方法です。

（例）２００万円で耐用年数５年（償却保証額21・６万円、償却率０・４）の物品を購入した場合

１年目：２００万×０・４＝80万円

２年目：（２００万－80万）×０・４＝48万円

３年目：（２００万－80万－48万）×０・４＝28・８万円

４年目：21・６万円

５年目：21・６万円

近年は定額法で計算する資産が多いです。

なお、固定資産には、不動産や車など物体のある「有形固定資産」と、ソフトウェアなど物体のない「無形固定資産」がありますが、そのどちらも減価償却の対応になります。

例えば、車だと6年、自転車だと2年、居住用の鉄骨鉄筋コンクリートだと47年等、国が決めた「法定耐用年数」の決まりがあります。個人での判断は難しいかもしれませんので、不明点があるときは税理士に確認することをおすすめします。

経費の種類を知る③ 経費にならない支出

「経費にならない支出」は、通帳からお金は出ていくけど、経費にはならないので、法人税等を少なくする効果はありません。

その一例は次の通りです。

- 貸付金
- 不動産の敷金
- 借入金の元本

その期経費支出や今後経費支出と違って、こちらの定義は簡単です。

共通していることは、「いつかは返ってくるお金、もしくはいつかは返すお金」です。

例えば、お金を友人の企業に貸し付けても、最終的には返ってきます。そうなると、これは経費になりません。

ただ、あなたの会社の財布に出入りしただけのお金です。

経費にならない支出が増えると、財布からお金は出ていきますが、税金は少なくなりませんので、キャッシュフローには注意が必要です。「経費にならない支出」が多く出ていく場合は、きちっと納税ができるのか注意しましょう。

✓「攻めの経営」の強め方

攻めの経営を強めるには、収入には2つの種類があることを理解する必要があります。それはフロー収入とストック収入です。フロー収入とストック収入について、知っておくとより効果的な選択が行えるようになります。

まず、**フロー収入とは、自分がその年度に営業した分、その年度に報酬が入るものです。**特徴としては、高単価な商品の場合が多いです。

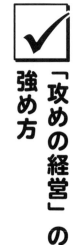

一方で、事業の安定化のために検討していただきたいのが、ストック収入です。特徴は、低単価の商品の場合が多いこと。**その仕組みから、長期間にわたって報酬を得るため、一度契約してしまえば継続的に収入が入ってくるメリットがあります。**

例えば、不動産の賃貸管理業務は、一度管理契約を結んだら数年から数十年にわた

図1-11　フロー収入とストック収入

	フロー収入	ストック収入
収入の特徴	自分がその年度に営業した分だけ、報酬が得られるもの	自分がその年度に営業しなくても、報酬が得られるもの
例	●不動産営業 ●保険の外交員 ●都度発注の請負仕事 ●単発の不動産建設など	●不動産の賃貸管理業 ●投資用不動産の賃料収入 ●相談料や顧問料 ●自動販売機の設置 ●太陽光発電事業など

って管理業務を請け負うことが可能です。すると毎月ほぼ定額の収入が入ってくるので、収入が安定します。またコンサルティング業務などの相談業や顧問業も長期で契約すれば、先々の売り上げの目処が立ちやすくなります。

また、他にも**ストック収入には、投資用不動産からの賃料収入や、株式や債券から得られる配当収入・金利収入などの「権利収入」もあります。**

フロー収入に加えてストック収入が得られるビジネスを持てば、事業の柱も増やせるので、社会変化にも強くなります。

よって**安定経営を重視するなら、ストック収入につながる事業に投資することが**

大切です。

フロー集客とストック集客

フロー収入とストック収入から派生して、「フロー集客」と「ストック集客」という考え方があります。

フロー集客とは自身がその年度に広告費を出した分の顧客を集めることです。ツイッターやチラシ、DMがこれに当てはまります。

ストック集客はその年に広告費を支出していなくても顧客を掴めることです。当期に作った集客のフローがお金や時間をかけずに翌期以降の集客に役立ちます。紹介営業やオウンドメディア、YouTubeなどが一例になります。

広告などを考えるときに、短期的な収入を得るためにフロー集客に傾いてしまいがちですが、長期的な会社経営を追求するならストック集客が重要になります。

「守りの経営」の強め方

「守りの経営」、つまりは1日でも長く会社を継続させるためには、どうしたら良いのか。その問題に役立つ考え方に「リスクマネジメント」があります。

会社のリスク把握は、次の4つのステップで行います。

①リスク特定
②リスク評価
③リスク分析
④リスク対応

まずは、会社のリスクマネジメントの整理をする際に、リスク特定を行います。

「自社が潰れるのであれば、何で潰れるか」を事前に把握します。例えば、コンビニを経営している会社であれば、アルバイトに店舗を任せていたら、全ての現金が横領されてしまう可能性があります。その場合には、「横領による倒産」というリスク特定ができます。

会社がなぜ潰れるのか洗い出したら、それが**どれくらいの可能性で潰れるのか。損害があるとすると、最大どれくらいの損害があるのか、**を考えていきます。これをリスク評価と言います。例えば、1週間に1回レジ金を入金しているのであれば、1週間分の売上が横領される可能性があります。1日平均20万円の売り上げであれば、20万円×7日で140万円の影響額があります。140万円までいかなくても、少額であれば、1年に1回くらい誰かが横領している可能性があります。

次に図1－13のような、**「リスクマトリックス」に分布します。これをリスク分析と言います。**最後に、4つの選択肢のどれかをとります。

- **リスク受容…特に何も行動しない（現状維持）**
- **リスク軽減…影響額や発生可能性を低減させる策を考えて実行**

図1-12　守りの経営を強める４ステップ

①リスク特定	②リスク評価	③リスク分析	④リスク対応
倒産する可能性がある事象や大きな損失を被るリスクを洗い出す	「影響額」と「発生可能性」に基づいて３段階評価、または５段階評価を行う	リスクマトリックスに分布させる	リスクは**４つ**のいずれかに対応する **リスク受容**：何もしない **リスク軽減**：影響額または発生可能性を減らす **リスク共有**：リスクを他社と分け合う **リスク回避**：リスクになることをやらない

図1-13　リスクマトリックス

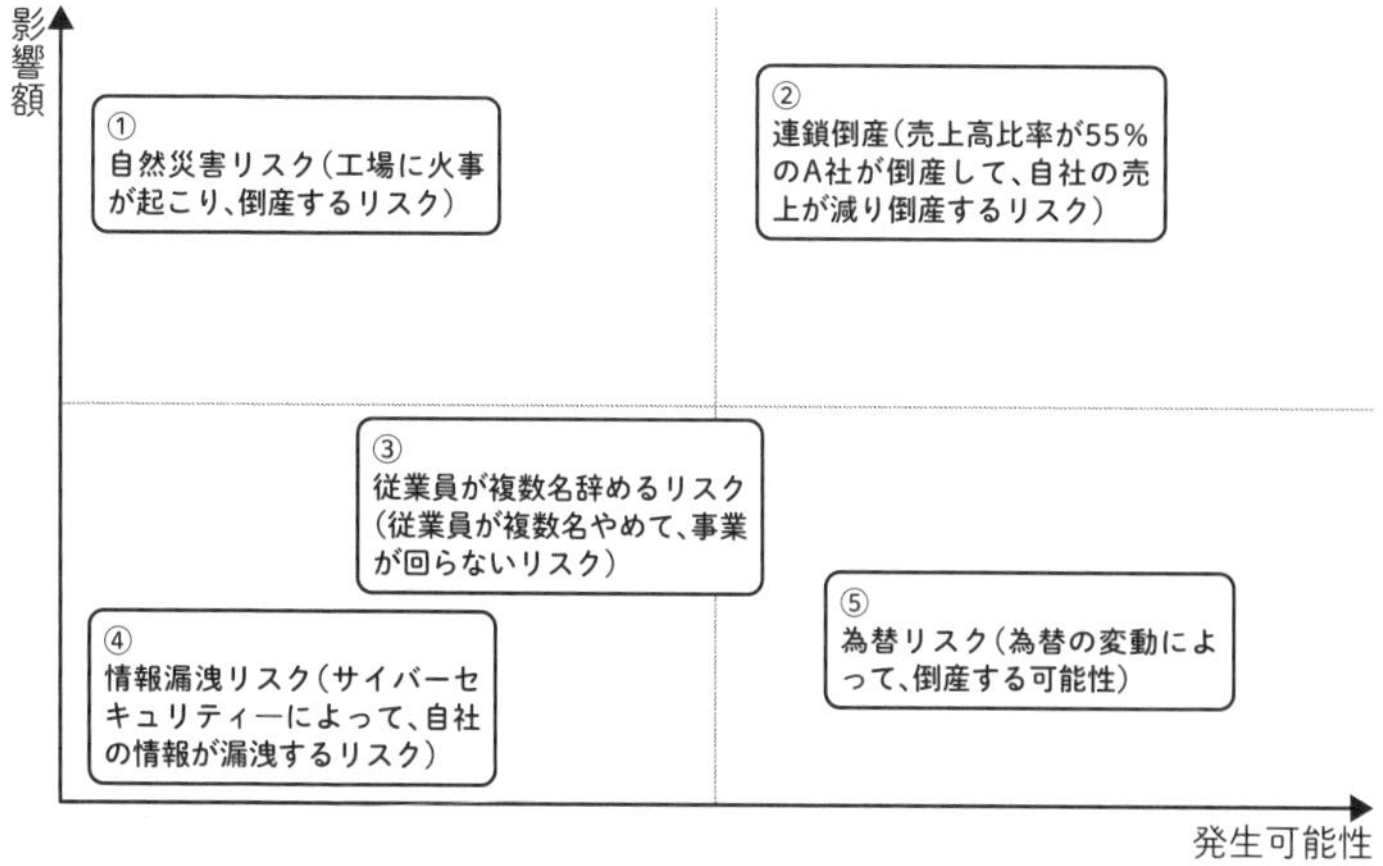
影響額
①
自然災害リスク（工場に火事が起こり、倒産するリスク）
②
連鎖倒産（売上高比率が55％のA社が倒産して、自社の売上が減り倒産するリスク）
③
従業員が複数名辞めるリスク（従業員が複数名やめて、事業が回らないリスク）
④
情報漏洩リスク（サイバーセキュリティーによって、自社の情報が漏洩するリスク）
⑤
為替リスク（為替の変動によって、倒産する可能性）
発生可能性

・リスク共有…リスクを他社と分け合い（主に保険に加入する）、リスクを低減
・リスク回避…リスクを発生させる事業や行動を中止する

リスク受容であれば、いろいろな対処方法はありますが、監視カメラを入れるのもお金がかかるし、最大140万円横領されたところで、あまり大きな損害ではないと判断して、何もしないという方法です。

リスク軽減は、1日に1回レジ金を銀行に入れるとすると、その影響額は140万円から1日のみの売上金20万円に減額されます。また、監視カメラを導入すれば、抑止力が働き、横領が1年に1回が3年に1回くらいの頻度になるかもしれません。

リスク共有とは、他社とリスクを分け合うことです。横領した際の保険がありますので、そのような保険に加入することにより、損害が出ても、それを低減することができます。

最後にリスク回避です。これは、そもそもレジを全てキャッシュレスにしてしまうことです。キャッシュレスのみの決済であれば、横領される可能性や損害額もゼロになるかと思います。

「キャッシュフロー」と「損益」の違い

「キャッシュフロー」と「損益」は、同じことを言っているように思えますが、実は別の話です。区分けして考える必要があります。

まず**キャッシュフローとは、会社の財布の中身が赤字なのか黒字なのか、いくら現金預金があるのかといった話です。**一方、**損益とは、会社の決算が赤字なのか黒字なのかということです。**会計で決められたルールに基づいて計算すると、黒字になる場合もあれば、赤字になる場合もあります。

まだわかりづらいかもしれません。

例えば、損益が黒字でも会社の財布が赤字なんてこともあります。そうなれば倒産する危険性があります。逆に、損益が赤字だったとしても、会社の財布が黒字というケースもあります。

図1-14　キャッシュフローと損益

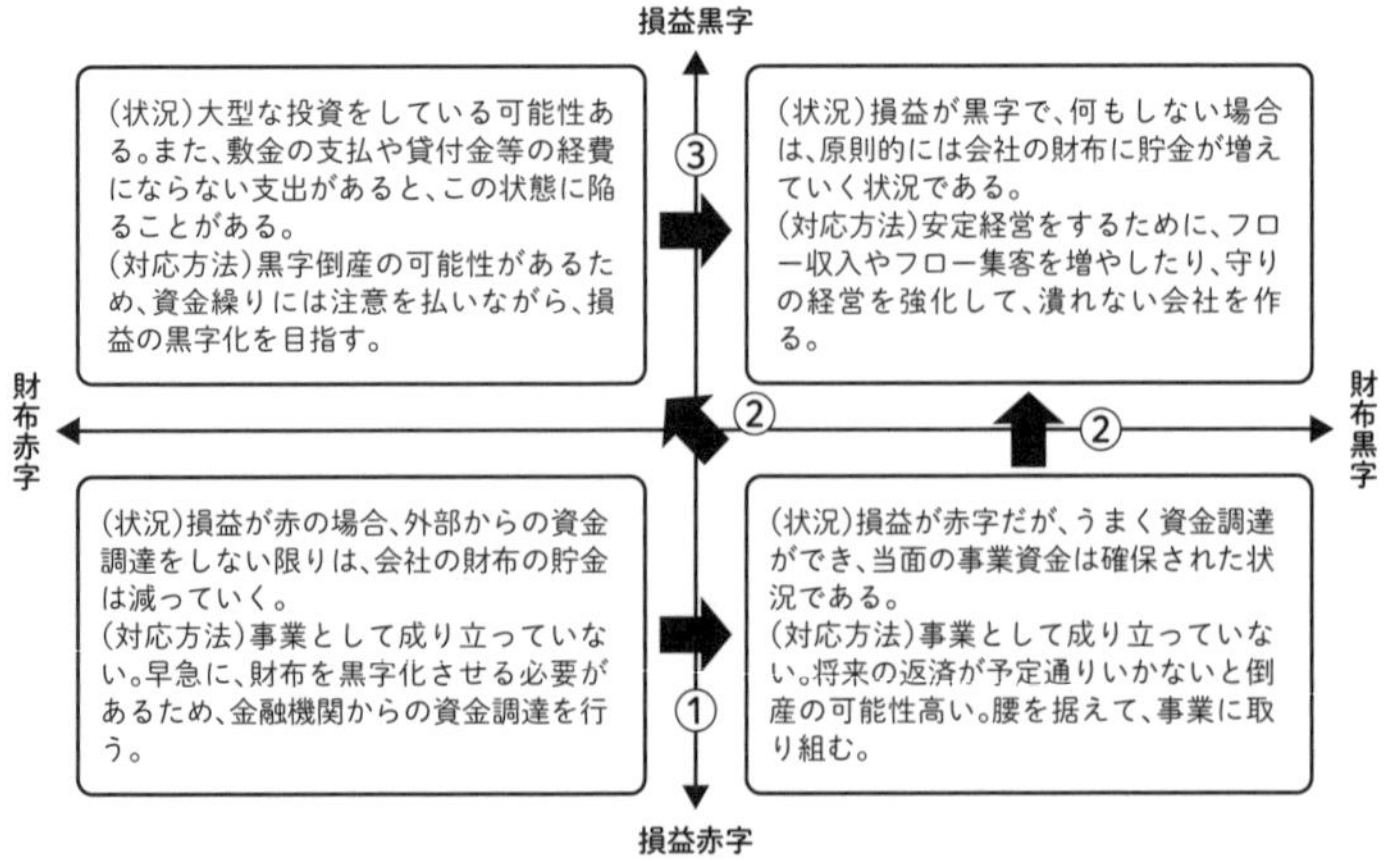
損益黒字
損益赤字
財布赤字
財布黒字
(状況)大型な投資をしている可能性ある。また、敷金の支払や貸付金等の経費にならない支出があると、この状態に陥ることがある。
(対応方法)黒字倒産の可能性があるため、資金繰りには注意を払いながら、損益の黒字化を目指す。
(状況)損益が黒字で、何もしない場合は、原則的には会社の財布に貯金が増えていく状況である。
(対応方法)安定経営をするために、フロー収入やフロー集客を増やしたり、守りの経営を強化して、潰れない会社を作る。
(状況)損益が赤の場合、外部からの資金調達をしない限りは、会社の財布の貯金は減っていく。
(対応方法)事業として成り立っていない。早急に、財布を黒字化させる必要があるため、金融機関からの資金調達を行う。
(状況)損益が赤字だが、うまく資金調達ができ、当面の事業資金は確保された状況である。
(対応方法)事業として成り立っていない。将来の返済が予定通りいかないと倒産の可能性高い。腰を据えて、事業に取り組む。
①
②
②
③

この場合、すぐに倒産する可能性は低いでしょう。

それぞれのケースを税金と銀行融資の観点からも見てみましょう。

損益が黒字の場合は、課税対象額が大きいので法人税等を多く支払います。ただ業績が良いと金融機関から良い評価を得られますので、融資を受けやすくなります。

損益が赤字の場合は、法人税等は少なく抑えられますが、銀行からの評価は下がるため、希望の条件では融資を受けにくくなります。

これらをまとめたのが図1－14です。

財布の中身と損益によって、会社は4つのステータスに分類されます。このようにキャッシュフローと損益を整理して考えていくと、会社が今どんな状態で、どういった対策をとればいいのかがわかります。

会社を立てたばかりのときは、図の左下の「財布赤字＋損益赤字」の状態からスタートする会社が多いと思います。

すぐに倒産してしまう可能性があるため、事業経営を成り立たせ、創業融資などで資金調達をする必要があります。

次に、右下の「財布黒字＋損益赤字」に移ったら、事業の利益を多く出して損益も黒字化するよう努めます。

損益を黒字にできたとき、合わせて積極的な投資をして、一度財布を赤字に戻す場合もあります。その後に再び資金調達や資金を内部留保するなどして、財布を一気に黒字化させれば、経営が安定するでしょう。

自分の会社が今どんなステータスにいるのか、まずは確認する。損益の状況は、決算書類の「損益計算書」を見ればわかります。

黒字倒産の危険性

会社の財布や損益が赤字で倒産するのは、当然の帰結です。しかし**会社の損益が黒字でも財布の残高がなくなって倒産することがあるのをご存じでしょうか。**

一般的に、これを**「黒字倒産」**といいます。

「東京商工リサーチ」の調査によると、2019年に倒産した企業のうち、52・84%が最終赤字を計上しました。ということは、**最終黒字で倒産した企業が47・16%いたということです。**

倒産企業の約4割は、最終黒字なのに倒産しています。これは、現金預金の少なさが倒産に影響している可能性を示しています。

黒字倒産に至る原因を3つご紹介します。

図1-15　倒産・生存企業　最新期当期利益　黒字・赤字構成比

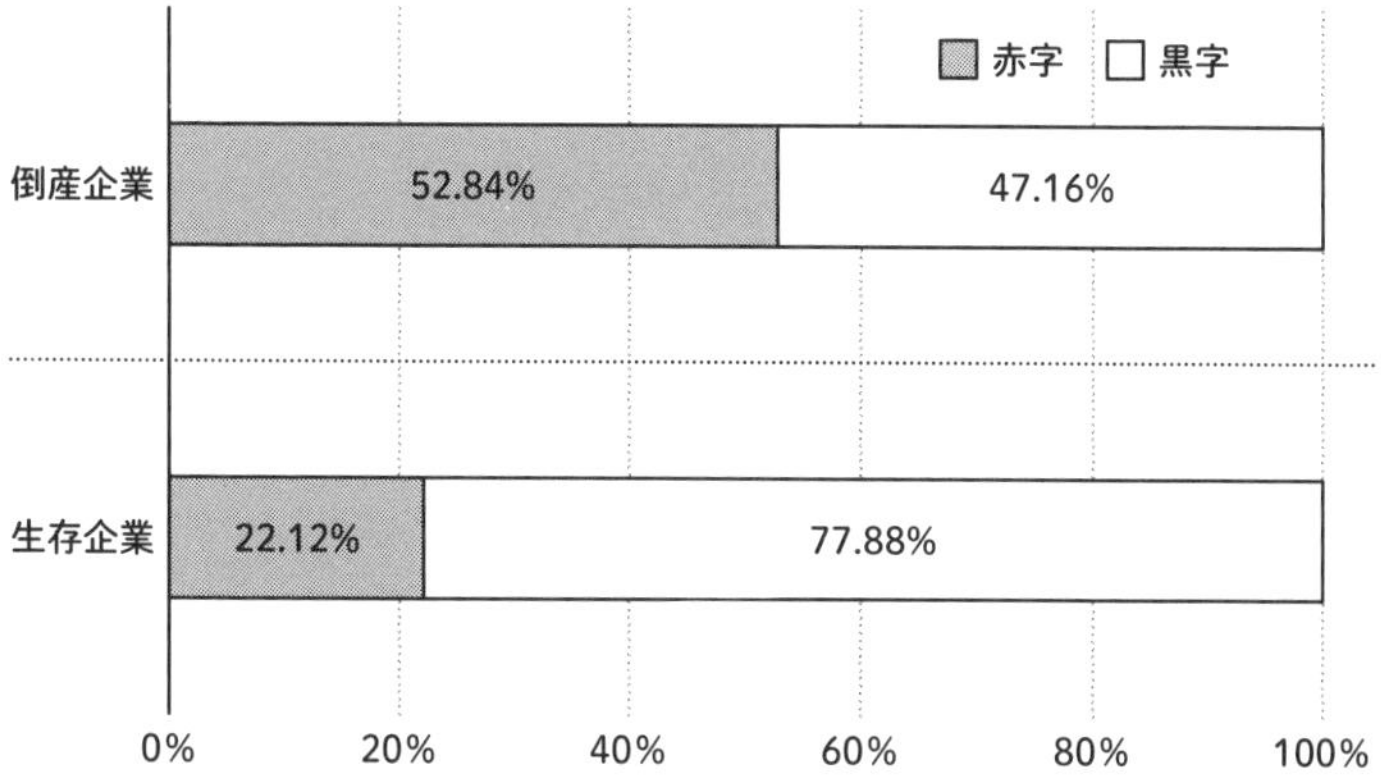

出典：東京商工「倒産企業の財務データ分析」(2019)

①在庫過多

在庫を多く抱えていたために倒産するケースです。

会計上では、商品を販売した時点で経費に計上します。仕入れた時点では経費になりません。そのため、**過度に商品在庫を仕入れたり、売れない商品が積み上がっていったりすると、お金は出ていくのに経費になりません。**このことが会社のキャッシュフローを悪化させます。

②与信管理

大口の得意先に対して、サービスや商品を提供したあとに、その売上に対する入金が受けられずに倒産するケースです。

サービスや商品はすでに提供しているため、会計上は売上が計上され、法人税等の対象となります。しかし、実際に取引先から入金されるタイミングには時間のズレが発生します。

入金が遅いことで、会社によっては税金を払う財源がなく、預金残高から払わなければなりません。その結果、預金が底をついて倒産してしまいます。

③支払手形の不渡り

「支払手形」とは、商品やサービスを提供されたときに、現金の代わりに「手形」を出して、あとから決済する支払い方法のことです。

この手形を振り出したあと、もしあなたの会社の預金残高がないために支払手形が決済できなかった場合には、銀行取引が停止になります。これを支払い手形の不渡りといいます。

不渡りを起こしてしまうと、手形交換所から「不渡り処分」を受け、その事実がすべての金融機関に通知されます。そうすると、金融機関からの信用が大幅に下がり、融資を受けることなどが難しくなります。

また1度目の不渡りから6カ月以内に2度目の不渡りを出してしまうと、「取引停止報告」に掲載され、その通知日から2年間は当座預金取引や融資が利用できなくなります。

このように、黒字倒産のリスクは至るところに潜んでいます。特に手形の不渡りによる銀行取引停止処分を受けると、**信用力の低下やキャッシュフローの悪化を招き、「事実上の倒産」となる可能性もあります。**

第１章のココがポイント！

- 現金預金があれば、倒産しない会社になり、事業のチャンスを掴むことができ、楽に経営ができる
- 会社の現金預金を増やすためには、「経営力」、「税金力」「財務力」の３つの力が必要である
- 会社経営では、「会社の財布」、「社長の財布」と「パートナーの財布」の３つに現金預金を増やすことが大切である
- 会社の現金預金は、固定費の６か月分＋運転資金を目標にお金を貯める
- 会社経営に必要な５つの利益（売上総利益・営業利益・経常利益・税引前当期純利益・税引後当期純利益）を理解する
- 会社経営において、「その期経費支出」「翌期経費支出」「経費にならない支出」を理解し投資戦略を考える
- 経営力のなかには、いかに稼ぐかを考える「攻めの経営」といかに長く稼ぐかを考える「守りの経営」がある

第2章

税金力を鍛えて会社のお金を増やす

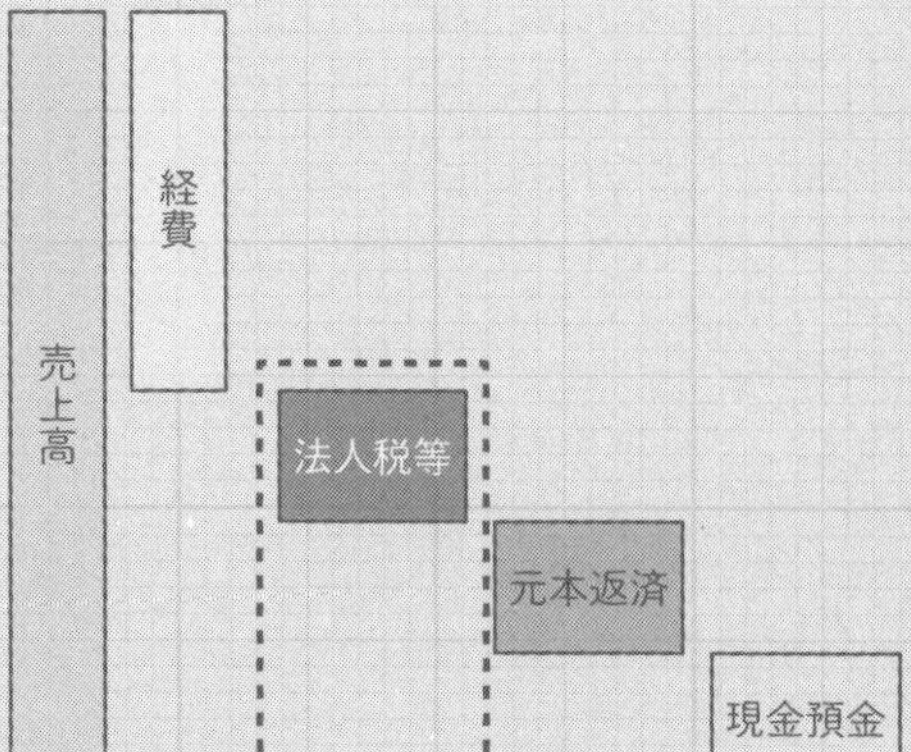

税金は、会社員は前払い 社長は後払い

税金は、会社員は先払い、社長は後払いであることを知っているでしょうか。

「金持ち父さん、貧乏父さん」（筑摩書房）の著書のなかで、ロバートキヨサキ氏は、会社を持っているお金持ちは、「①稼ぐ」「②お金を使う」「③税金を払う」の順番が、会社員は、「①稼ぐ」「②税金を払う」「③お金を使う」になるという言葉が記述されています。事業主と雇用者は、税金の払うタイミングが違うということです。

会社員や公務員など、**雇用される側だった方は、イメージがつきやすいと思います。**

会社員や公務員などは、額面の給与からあらかじめ所得税や住民税、社会保険料などが差し引かれ、残りを手取りの給与として給料日に受け取ります。ですから、**預金通帳に入っているお金は、すべて自分で使えるお金です。**

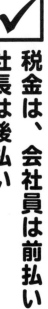

なぜこんな当たり前の話をするのかと思われるかもしれません。ですが、社長になると、このことが大きな勘違いを生むことにつながるのです。

どういうことかというと、社長が会社員の慣習そのままに、会社の預金をすべて使っていると、後で痛い目にあいます。**会社の通帳に入ってくるお金は会社員とは違って、すべてが自分のお金にはならないからです。**「①稼ぐ」「②お金を使う」「③税金を払う」順番で行うということは、きっちり、「③税金を払う」準備をしていないで、「②お金を使い」過ぎると、「③税金を払う」まで行けずに、倒産してしまう可能性があります。「税金は後払い」という意識を早めに身に付けておきましょう。

社長は、お金に４つの色と２つの区分を付ける

会社の預金には、大きく分けて４つのお金が入っています。

①資本金
②前期以前の利益（税引後利益）
③今年得た利益（税引前利益）

④預かっているお金（借入金、源泉所得税、消費税など）

お金に色があれば、わかりやすいのですが、残念ながらお金に色はつけられません。ただ、会社のお金には、4つの色があると思うとその種類について理解しやすくなります。

まず、**会社のお金は大きく2つに区分されます。**

1つは、**自分のお金であり、もう1つは、他人のお金です。**会社員の通帳のなかには、あなたのお金しか入っていませんが、会社の通帳の中身には、自分のお金と他人のお金が混在しているのです。**あなたのお金に当たるのは、①資本金、②前期以前の利益（税引後利益）、それから③今年得た利益（税引前利益）の一部です。**

税引前利益という書き方をしているのは、今年得た利益の一部はあなたのものですが、残りは税金として支払うため、税務署のものだからです。残りの部分は将来的に支払う必要があるお金です。つまり、一時的には通帳に入っているが、いずれ出ていくお金であり、安易に使ってはいけません。つまり、他人のお金に当たるのは③今年得た利益（税引前利益）の税金分と預かっているお金（借入金、源泉所得税、消費税）です。預かっているお金は税務署や銀行等の④他人から預かっているお金です。

しかし会社員時代の意識が抜けずにいると、通帳にあるお金をつい使ってしまいがちです。

通帳のなかには、自分のお金のほかに他人のお金があることを意識しましょう。

お金には、色がないため、管理する上で、自身で区別をつけるしかありません。お金を上手に管理するための具体的なコツは、**「あなたが使えるお金（自分のお金）」と「預かっているだけのお金（他人のお金）」を、それぞれ別の銀行口座に分けて管理することです。**そうすることで、使っていいお金とそうでないお金が一目瞭然になります。

預かっているお金のうち、借入金は借入先の銀行口座で管理し、源泉徴収税などを納付するための税金は、また別の口座で管理すると、よりわかりやすくなります。少しの工夫でお金の管理が楽になります。

知っているようで知らない法人税の仕組みを押さえる

利益を出した場合、会社にかかる税金がいわゆる法人税です。**黒字の会社なら法人税の支払いが必要になります。**

法人税等の税率は、企業規模によって細かく定められています。そのため、利益からどう逆算して、いくら納税資金を残しておいたらいいのかがわかりづらい特徴があります。なお、所得が800万円以下と800円超で税率が異なるのが特徴です。

そこで法人税等の税額は、**ざっくり「利益の3分の1程度」と覚えておきましょう。**

次の図2－1を見てください。

まず売上高があり、そこからさまざまな経費を差し引いたあとに残るのが利益です。

この利益の3分の1が、法人税等のおおよその納税額になります。そして納税後に残った3分の2のお金があなたの会社の現金預金です。

図2-1　利益と法人税の関係

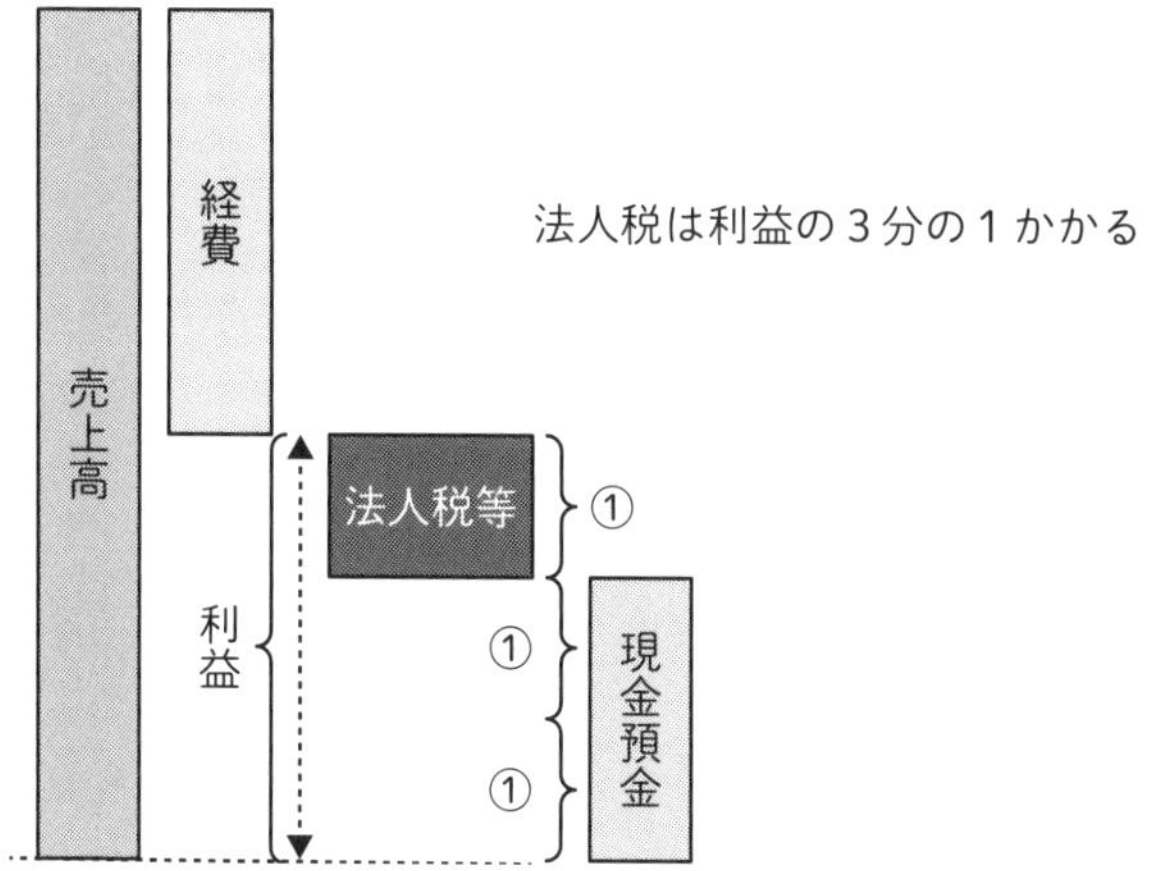

残った利益の3分の1も取られるのかと思われた方も多いと思います。

日本の法人税等は、世界的にみても高い方です。法人税が高いと、他国の会社が日本に進出しにくくなります。日本に進出してこないと、日本の法人税等を払いませんので、日本の財源が減ります。そのため、少しずつですが、法人税は低くなっている傾向にあります。

余談ですが、国のなかには、タックスヘイブン（租税回避地）と呼ばれる、法人税等が著しく低い国もあります。代表的な場所としては、スイス、シンガポール、などです。このタックスヘイブンには、法人税率がゼロの国もあるのです。

ちなみに、赤字の会社でも、法人税等のうち均等割（最低約7万円）という税金は必ず支払う必要があります。これは、会社の維持費にあたる税金になります。赤字だとまったく法人税等の税金を納めなくていいと思っている人もいるかもしれませんが、それは違うのです。

なお、法人が払う税金には、法人税以外にも「住民税」や「事業税」があります。一般的には、「法人税」と「住民税」「事業税」を合わせて「法人税等」と記載します。

郵便はがき

料金受取人払郵便

日本橋局
承認

6189

差出有効期間
2023年2月
28日まで

切手をお貼りになる
必要はございません。

103-8790

953

中央区日本橋小伝馬町15-18
EDGE小伝馬町ビル9階
総合法令出版株式会社 行

本書のご購入、ご愛読ありがとうございました。
今後の出版企画の参考とさせていただきますので、
ぜひご意見をお聞かせください。

フリガナ お名前	性別 男・女	年齢 歳
ご住所 〒 TEL （ ）		
ご職業 1.学生 2.会社員･公務員 3.会社･団体役員 4.教員 5.自営業 6.主婦 7.無職 8.その他（ ）		

メールアドレスを記載下さった方から、毎月5名様に書籍1冊プレゼント!

新刊やイベントの情報などをお知らせする場合に使用させていただきます。

※書籍プレゼントご希望の方は、下記にメールアドレスと希望ジャンルをご記入ください。書籍へのご応募は1度限り、発送にはお時間をいただく場合がございます。結果は発送をもってかえさせていただきます。

希望ジャンル：☐ 自己啓発 ☐ ビジネス ☐ スピリチュアル ☐ 実用

E-MAILアドレス ※携帯電話のメールアドレスには対応しておりません。

お買い求めいただいた本のタイトル

■お買い求めいただいた書店名

(　　　　　　　　　　)市区町村（　　　　　　　　　　)書店

■この本を最初に何でお知りになりましたか

□ 書店で実物を見て　□ 雑誌で見て(雑誌名　　　　　　　　　　)
□ 新聞で見て(　　　　　　　新聞)　□ 家族や友人にすすめられて
総合法令出版の(□ HP、□ Facebook、□ Twitter、□ Instagram)を見て
□ その他(　　　　　　　　　　)

■お買い求めいただいた動機は何ですか(複数回答も可)

□ この著者の作品が好きだから　□ 興味のあるテーマだったから
□ タイトルに惹かれて　□ 表紙に惹かれて　□ 帯の文章に惹かれて
□ その他(　　　　　　　　　　)

■この本について感想をお聞かせください

(表紙・本文デザイン、タイトル、価格、内容など)

(掲載される場合のペンネーム：　　　　　　　　)

■最近、お読みになった本で面白かったものは何ですか?

■最近気になっているテーマ・著者、ご意見があればお書きください

ご協力ありがとうございました。いただいたご感想を匿名で広告等に掲載させていただくことがございます。匿名での使用も希望されない場合はチェックをお願いします☑
いただいた情報を、上記の目的以外に使用することはありません。

図2-2　法人税の税率一覧表

区分				適用関係（開始事業年度）		
				平28.4.1以後	平30.4.1以後	平31.4.1以後
普通法人	資本金1億円以下の法人など	年800万円以下の部分	下記以外の法人	15%	15%	15%
			適用除外事業者			19%
		年800万円超の部分		23.40%	23.20%	23.20%
	上記以外の普通法人			23.40%	23.20%	23.20%

3種類の「節税」を経営戦略で使い分ける

「マネジメントの父」といわれるピーター・ドラッカーが遺した言葉に、「税制から経営の意思決定をするのは最悪の意思決定である」という名言があります。

売り上げが大きい企業ほど、経費を効果的に利用して節税を行うのは、決して悪いことではありません。しかし、**経営よりも節税を意識しすぎると、かえって利益そのものを減らしてしまうことにもなりかねない**。ピーター・ドラッカーの言葉からそんな意味を汲み取ることができます。

ここではそんな彼の名言を念頭に置いて、節税の種類について解説していきます。節税は大きく分けて次の3つに分類可能です（図2－3）。

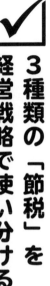

図2-3　３種類の節税

	考え方	取り組み可能な時期	具体例
投資節税	支出＜将来の収入	会社設立当初	●公式サイトの作成 ●営業用の動画制作
繰延節税	支出＝将来の収入	固定費６カ月分が確保できているとき	●飛行機リース、船舶リース ●倒産防止共済への加入
浪費節税	支出＞将来の収入	原則行わない	●高級車の購入 ●必要のない飲食や出張

・投資節税…支出が将来の収入につながる節税

・繰延節税…支出と将来の収入が変わらず、税金を納めるタイミングが延びるだけの節税

・浪費節税…支出よりも将来の収入が下がる節税

新しい用語が出てきたのでピンとこないかもしれません。大丈夫です、本章ではこれらについて、具体例を混じえてじっくりと解説していきます。

節税しすぎると会社の財務状態はどうなる?

ただその前に知っておいてもらいたいことが2つあります。

1つ目は**あなたの会社が行った節税が、投資節税、繰延節税、浪費節税のどれにあてはまるかは、経営戦略によっても変わってくるということ。**社長がどのように考えるかによって、投資節税にも、繰延節税にも、浪費節税にもなるということです。

2つ目は**節税と無駄遣いは違うということです。**

起業したばかりの方や経営に一生懸命な方ほど納税を嫌う傾向があります。

そういった考えの根本には、「**納税=税務署に現金を払う**」という意識があるのではないかと思います。会社の支出をできるだけ減らそうという姿勢は、経営のことを考えているからこそ。お気持ちはよく理解できます。

もちろん、納税とは税務署に払うお金なので、自身の財布から現金を取られるのは事実です。

しかし、先ほどの言葉に続きがあり、「**納税＝税務署に現金を払う。ただし、納税しない＝国以外の誰かに現金をもっと払う**」とあります。どういうことかと言えば、納税していない会社は、売上以上に経費が出ていることになります。納税すれば、納税した後のお金は必ず残るのです。

この場合、節税を考えるあまり、それが裏目に出ているかもしれません。「納税は国民の義務、節税は国民の権利」という言葉がありますが、結局は、自分が損をしているのです。

どうなるのか、図２－４で見てみましょう。

節税のために経費を多く計上すると、たしかに法人税等は圧縮されます。しかしそのために、現金預金も減少してしまっています。

その期が終わるまでに一生懸命節税したら、「こんなに節税したおかげで、税金がここまで少なくなった！」という達成感があるでしょう。

図2-4　節税を積極的にしたときの変化

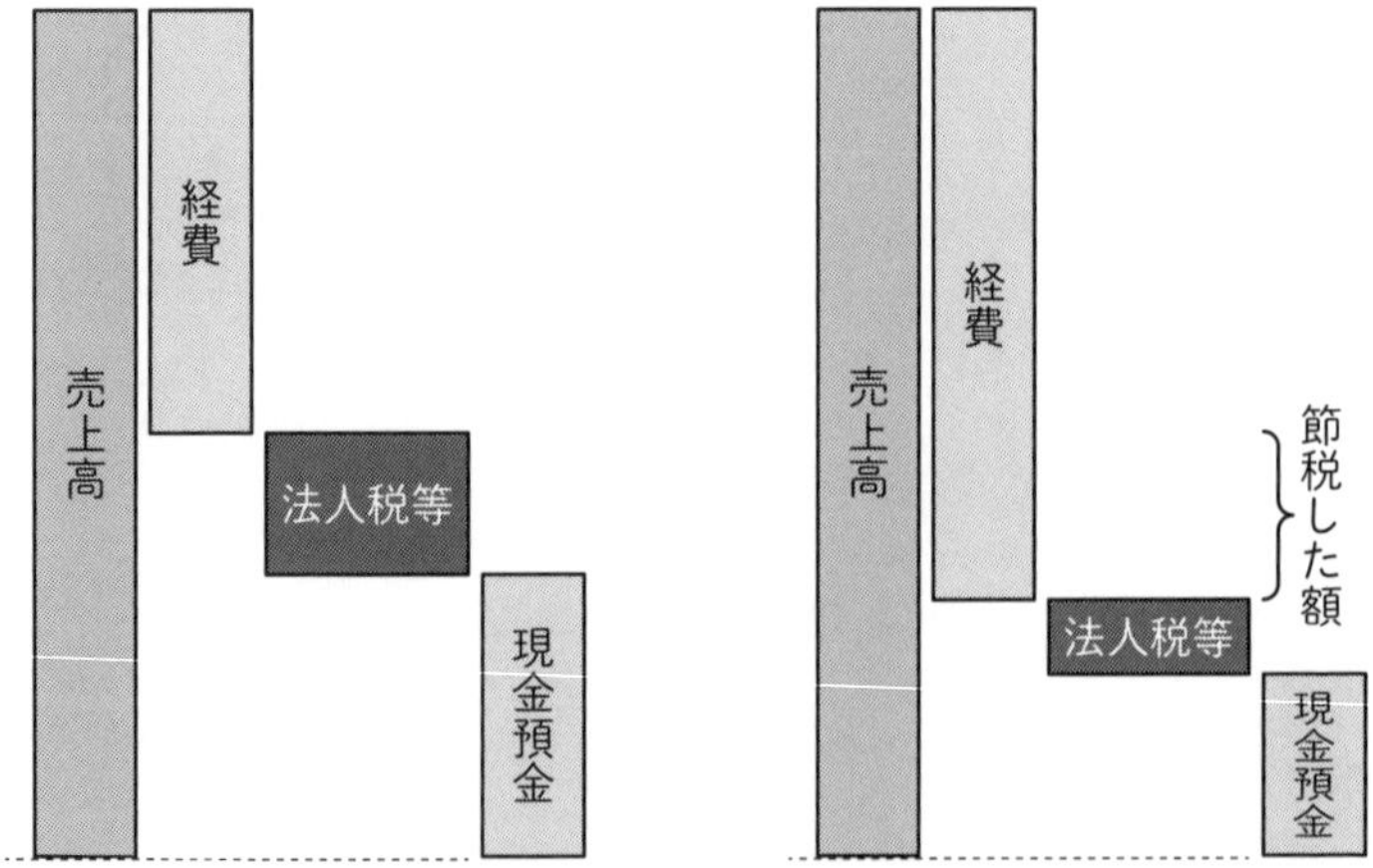

しかし、せっかく節税できたとしても、過度な節税は現金預金を減らします。会社の財務状態に良くない影響を与えてしまうのです。

そこで税金は会社にかかる**「経費」という意識をしっかりと持ち、きちんと納税資金を確保**しておくことが大切です。

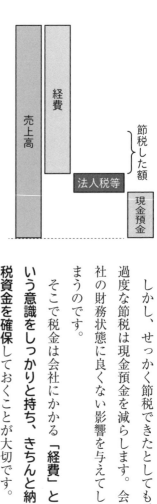

より稼ぐ「攻めの経営」の投資節税

前述したように、経営には「攻めの経営」と「守りの経営」があります。

攻めの経営とは、いかに売上を上げて、会社を成長させていくかを重視した経営です。一方で守りの経営とは1日でも長く会社を存続させるための施策を重視した経営です。わかりやすく言えば、**守りの経営とは現金預金をしっかりと確保し、不測の事態にも備えられるような状態をつくることです。**

実際には、売上をいかに上げるか、経費をいかに下げるかの攻めの経営を重視されている方が割合的には多いと思います。しかし攻めてばかりでは、ふとしたときに会社が廃業の憂き目に遭うことも考えられます。

起業から10年間存続できる会社は約26％（第1章より）です。この数字から、いかに経営することが難しいかを実感できます。いかに会社を長く存続させるかを考える。

そのことを念頭に置いて、攻めと守りのバランスを意識した経営を行うことが大切です。

では、攻めと守りの経営をバランス良くするためにはどうしたらよいのか。**効果的な施策が、将来の売上増加を見込んだ「投資節税」です。**その節税方法の一例は次の通りです。

【投資節税の例】
- **会社の公式サイトやオウンドメディアを作成する**
- **WEB広告を配信して継続的にWEBから集客する**
- **優秀な人材を採用する（福利厚生の充実）**

いずれも基本的なことなので、すでに実施されている社長も多いでしょう。

この投資節税のポイントは、**支出した経費が、将来的に今以上の価値になって返ってくるかどうかです。**

会社の公式サイトやオウンドメディアなどは作成しておけば、来期〜来々期の営業成果につながる可能性があります。また、コストをかけてWEB広告を配信すると一定の反響が見込めるので、営業効率がアップするでしょう。

会社で働く人材も、重要な投資先のひとつです。優秀な営業担当者やクリエイター等を雇用して、福利厚生を充実させて会社に長く在籍してもらうと、業績の安定化につながります。

投資節税のタイミング

投資節税を行う際には、意外と時間がかかります。

例えば、WEBページを1枚作るにしても、2週間〜1カ月ほどかかることがザラです。中規模のオウンドメディアを作ろうとすると3カ月程度の準備期間が必要になります。ですから、**投資節税を行うなら、繁忙期ではなく比較的時間があるときに検討・実施することも大切です。**

また投資節税では、その施策を効果的に行うために、決算期をいつにするかは重要なポイントになります。私は、いつも、**決算期は閑散期にすると良いというアドバイスをしています。**

そこには、**2つの理由があります。**

1つ目は、決算期が過ぎると決算の締めの作業などで、経理業務に時間を要するケースがあります。法律で、決算の2カ月以内に税務申告・納税を済ませる必要があると明記されています。それを怠ると、延滞税がかかったり、青色申告の取り消し等、会社にとっては良くない出来事が増えます。

2つ目は、期の始めを繁忙期にすることで、期の始めに多くの利益が計上されます。決算までに長い時間がとれるため、節税対策の選択肢が増えます。自社の戦略を練って、どこに投資するのかを考えることができるというわけです。

「攻めの経営」の分析方法

投資節税のひとつの手段として広告を出す。そのときに考えていただきたい２つの大事な指標について説明します。広告宣伝費はいくら使うのが適切なのか。社長ならば、頭を悩ませる問題のひとつでしょう。

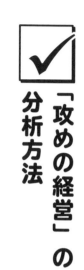

まず、１つ目が**CPA（Cost per Acquisition）。「顧客獲得単価」を意味する言葉で、新規顧客を獲得するために、1人あたりいくらかかるかを考えます。**例えば、会社のサービスに無料登録するユーザーを集めるため、広告費１００万円をかけて１０００人の登録を獲得した場合、ＣＰＡは１０００円となります。

この指標は非常に大事です。どれだけの広告費をかければ、黒字経営ができるのかの指標にもなります。極論、１０００円の商品を売るために、１０００円の広告宣伝費をかけたら、人件費や商品を製造する代金を加味すると赤字になるのは、わかると思います。この場合のCPAは、1000円（広告宣伝費）÷1人＝1000円になり、売上高と同額になります。

では、**いくらで1商品が売れれば、黒字が出るのかを社長自身がわかっている必要があります**。1円も広告宣伝費にかけられないのであれば、商品の単価が低すぎる可能性があります。京セラの創業者でもある、稲盛和夫さんの言葉にある通り、「値決めは経営」なのです。広告宣伝費をかけても売れる値段に設定する必要があります。

2つ目は**LTV（Life Time Value）。「顧客生涯価値」を意味する言葉で、顧客が取引開始から終了までにどれだけの利益を会社にもたらすか**。その収益の総額を考えるための指標です。例えば、会社のサービスに登録したユーザーが、1年間1万円のサービスを5年にわたって利用した場合、そのLTVは5万円となります。

「守りの経営」のなかでも、「時間」という軸を取り入れた、お話をさせていただきました。「顧客生涯価値」も「時間」という軸を取り入れた、考え方になります。

前述した、CPAで、1000円の商品に対して、1000円の広告宣伝費をかけても良い場合があります。それは、1000円の広告宣伝費をかけて、1顧客が10年にわたり、商品を購入し続けてくれるサービスです。顧客生涯価値は、1000円（商品単価）×10年＝1万円になります。一方で、売上高に対する広告宣伝費率は、1000円（広告宣伝費）÷10000（顧客生涯価値）となりますので、CPAは10％となります。

あなたの会社にとって、最適なCPAやLTVを把握しておくようにしましょう。

数字をもとにロジカルに検討する

広告宣伝費を使ってWEB広告や駅構内の紙広告などを出そうとしているとします。このとき、多くの方は、「サイト1個を作るのに300万円は高い」「1週間で5万円の広告費なら安い」など、金額同士を比較して判断する印象があります。

しかしその金額が本当に高いのか、もしくは「安物買いの銭失い」になるのかは、**CPAやLTVをきちんと計算し、その数値的な根拠を元に考えるべきです。**

例えば、自社で販売している商品が10万円だったとき、「この商品を販売するためにいくら広告宣伝費を費やしていいのか」を検討します。広告宣伝費以外の、製造原価や販売するスタッフの人件費、店舗販売であれば店舗の家賃が発生していることを加味して広告宣伝費を算出します。

そして仮に「2万円まで広告宣伝費をかけてよい」と算出できたら、2万円で1契約を獲得するための広告宣伝ツールは何か検討するのです。

近年はさまざまな広告宣伝方法があります。WEB広告やチラシ、SNSでの発信など自社商品にとって効果的なツールを選択するのです。

投資節税のやりすぎにも注意

ここまでに述べた投資節税を実践すれば、未来の経営につながる意義のあるものになるでしょう。

ただし、投資節税にも限度があります。

仮にあなたが広告宣伝費をかけたことによって、多くの商品購入や商談が舞い込んできたとします。

しかし、**そのときに社内で対応できる人材がいなかったらどうなるでしょうか？**

今度はその案件を整理したり断ったりするためのコストがかかってしまいます。場合によってはお客様からのクレームを受けて、顧客満足度を悪くしてしまうかもしれません。

このように、投資節税をする際には、投資した結果をきちんと回収できるかどうか、その社内体制を整えておくことも重要です。**処理できないほどの商談を獲得する必要はないということ**。もし社内体制が不十分であれば、先に管理担当者や事務担当者の人材獲得に、力を入れておく視点を持つことも大切です。

日本は少子高齢化で、今後は労働力不足が懸念されます。その対策として、営業担当者の代わりに働いてくれるＷＥＢサイトや広告の利用、業務コストを削減できる業務支援ツールなどへも投資しておくと、将来的な会社基盤の安定につながります。

長く稼ぐ「守りの経営」の投資節税

日本では起業から10年で多くの会社が潰れています。

おそらくその倒産した会社のなかで、「私の会社が倒産するなんて思っていなかった！」という社長は多いのではないでしょうか。現実問題、倒産した社長のほとんどはそのように思っています。


ここでよく考えてみる必要があります。

自社について一番詳しいのは社長自身のはずです。自社の存続をさえぎりそうなリスクを、社長自身が常日頃から認識しておけば、長期的な繁栄を築けるはずです。**危機察知能力の高い社長、それこそが経営力が高い社長といえるのではないでしょうか。**

会社経営というのは、無数のリスクを抱えています。

例えば、サイバー攻撃を受け、情報が流出して顧客から大きな損害賠償を被る可能性、天変地異が起こり、工場が崩壊する可能性、得意先が倒産して、債権が回収できなくなる可能性などたくさんあります。

また、それは業種業態によってさまざまな倒産につながることもあります。

守りの経営のための投資節税

前述の倒産のリスクに備える。投資節税のなかには、そんな「守りの経営」に役立つ方法もあります。

一例として次のような施策が挙げられます。

- **ファクタリングの実施**
- **店舗万引き防止のためのセキュリティ設備の充実**
- **工場用の火災保険への加入**

右記はあくまでも一例です。会社によってリスクは異なります。

ファクタリングと聞いて、「知っている」という方は少ないかもしれません。ファクタリングとは、売掛債権を譲渡して売掛金の決算目前に現金を調達できる仕組みです。サービスや商品を提供してから、まだ代金を回収していない「売掛金」を持っている会社が利用できます。

売掛金をファクタリング会社に買い取ってもらう。そうすれば売掛金を現金化できるので、キャッシュフローが改善するのです。

とくに少数の得意先で売上の大部分が構成されている会社は売掛債権が貸し倒れた際の影響が大きいため、おすすめといえます。

ちなみに、ファクタリングには、売掛先に知られずに売掛債権を現金化できる「**2社間ファクタリング**」と、売掛先に周知して債権を現金化する「**3社間ファクタリング**」に分けられます。

2社間ファクタリングなら先方に通知せずに現金化ができるものの、手数料が比較的高くなります。どちらを使ったらよいかは状況に応じて変わります。まずは、ファクタリングという選択肢があるということを覚えておきましょう。

次に、コンビニエンスストアなどの小売店の倒産理由で多いのが、従業員などの現金横領と言われています。**その横領リスクを減少させるために、店舗の入り口やレジ、バックヤードなどに監視カメラを設置するのは、投資節税のひとつといえるでしょう。**

また、大きな工場を所有している会社では、その工場が何らかの理由で停止してしまうと、大きな損害を被ります。そこで**天災に備えるための火災保険や地震保険、人災に備えるための損害保険に加入する**ことも投資節税のひとつになります。保険に加入する以外にも日本の工場と海外の工場を作ることもひとつのリスク分散になります。

いずれも、当たり前のことのように思えるかもしれませんが、実践していない社長もいらっしゃいます。これらの方法に共通するのは、**節税できる経費として使いながらも、将来のことを見据えた行動を取っていることです。**

すべての会社に万能な施策はありません。守りの投資節税では個別の事情に沿った対策を考えていく必要があります。

図2-5　2社間のファクタリングのしくみ

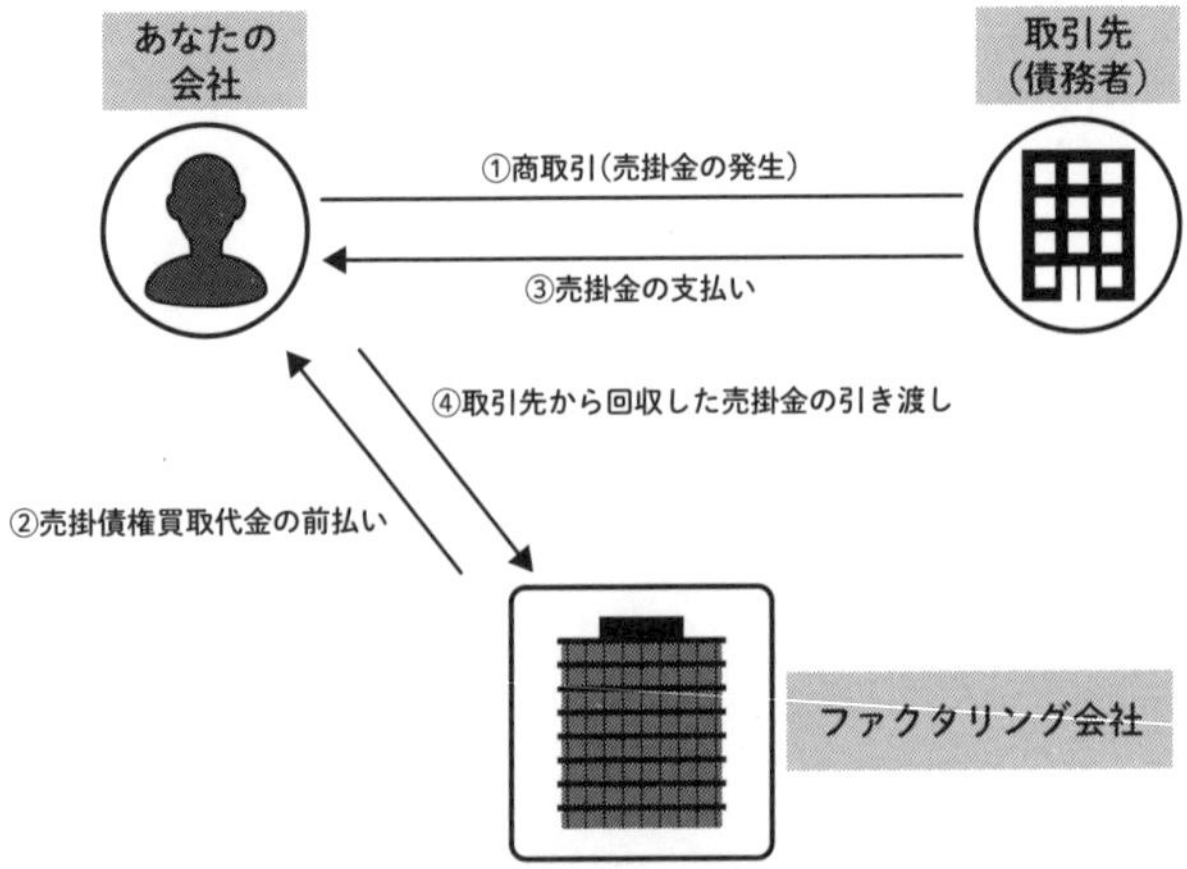

図2-6　3社間のファクタリングのしくみ

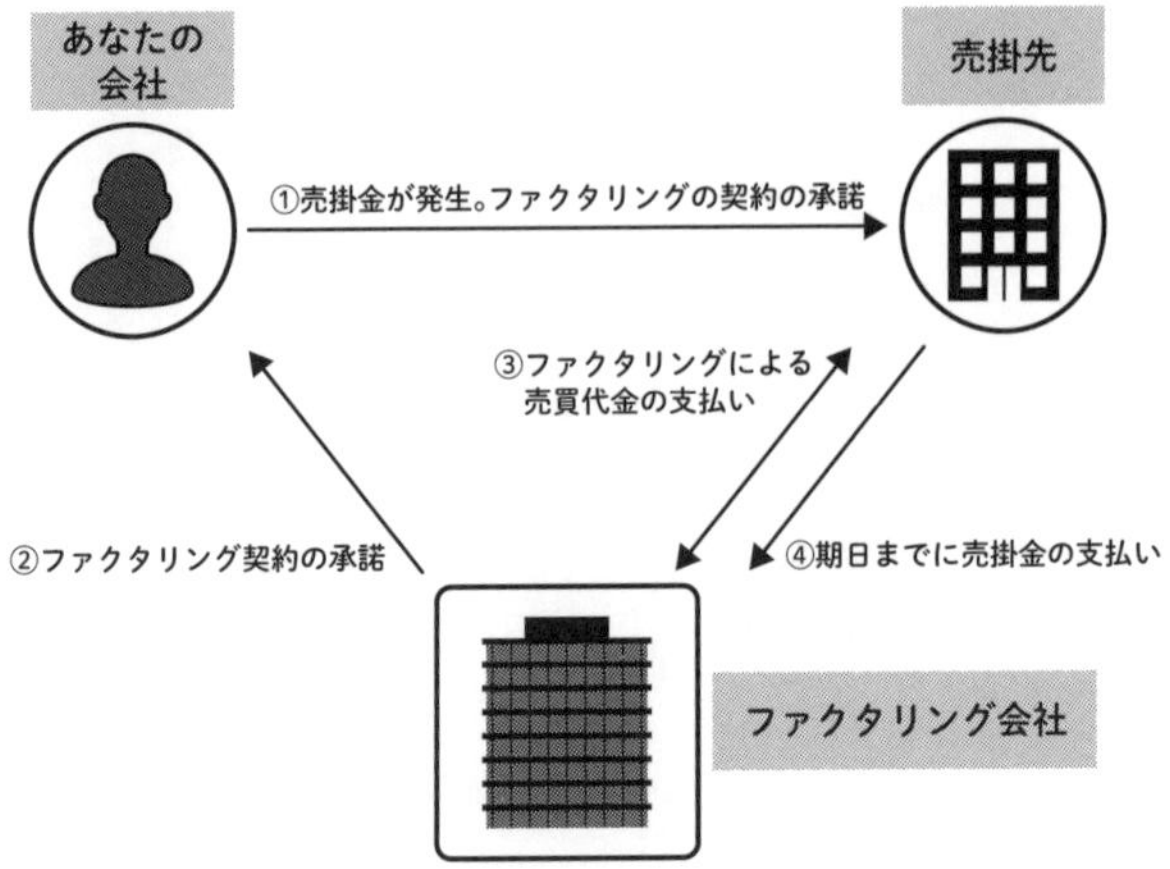

余裕が出てきたときの「繰延節税」

「繰延節税」とは、本業とは直接関係のない事業や保険を利用して、納税のタイミングをずらす節税方法のことです。

次ページの図2－7を見てください。繰延節税は、その期に経費が計上されますが、多くの場合は翌期から収入が計上されます。結局納税するタイミングが違うだけで、総額で支払う額は一緒ではないかと思われた方もいるかと思います。

まさにその通りです。

本来、**当期に支払うべき税金を来期以降の支払いに回しているのです。**

繰延節税の利点は2つあります。

1つ目は、時間の問題です。法人税等は国際競争力を増すために、年々減少傾向に

図2-7　繰り延べ節税のイメージ

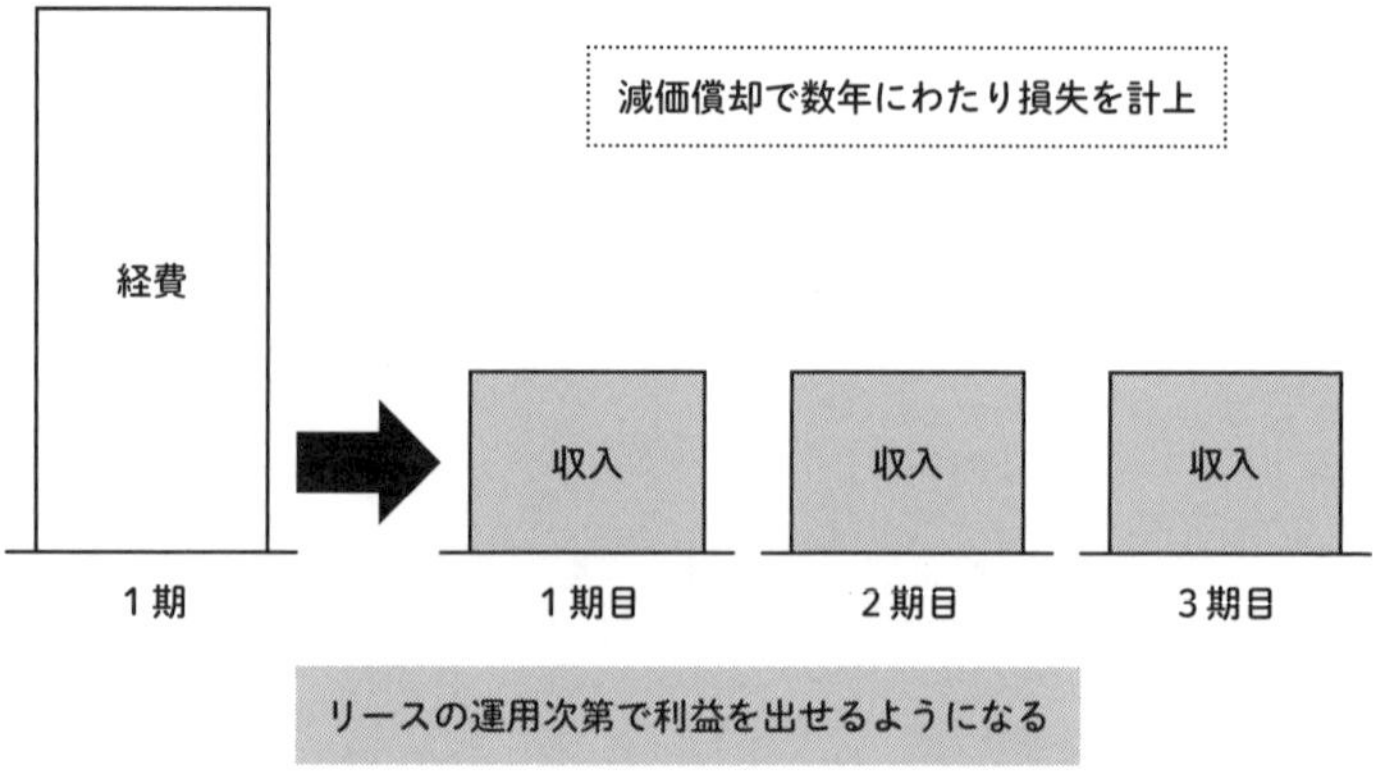

あります。そのため、将来に納税を繰り延べれば、**その期の税法に基づく税率で法人税等が算出されますので、翌期以降に税率が下がれば本当の意味での節税になる可能性があります。**

２つ目の利点としては、法人税率表を見てもらうと、所得が８００万円超と８００万円以下で税率が違うことがわかります。

そのため、１期目と２期目を合わせて１６００万円の所得が計上された場合に、１期目に１６００万円、２期目０円のケースと、１期目が８００万円、２期目が８００万円のケースで法人税等の金額が変わります。８００万円前後であれば法人税率を利用した節税になります。

リース商品で繰延節税

繰延節税の代表的な例は次のものが挙げられます。

・飛行機、船舶、足場などのリース商品
・経営セーフティ共済（倒産防止共済）への加入

飛行機リースや船舶リースは、専用のファンドに資金を投入します。初年度に大きく損失を計上します。その後、リースした収入による入金があり、満期まで保有すると資金が戻ってくる仕組みです。

リースの運用成果によっては、当初支払った資金よりも増えて戻ってくる可能性もあるため、利益を出せるケースも少なくありません。

また足場リースは、業者から足場を購入して他のユーザーに貸し出すことで、利益を得る仕組みです。足場を購入した際に大きな経費を出し、その後レンタルした利益によって収入を得ていきます。

こういったリース商品は本業とはまったく関係がありませんが、他の事業から得た利益からリースによる損失を差し引けます。つまり、利益を圧縮できるので、節税につながるというわけです。

感覚的に言えば、これらは企業における副業と捉えればわかりやすいかもしれません。本業以外に別の事業を始める感覚で取り組むといいでしょう。

経営セーフティ共済で「繰延節税」

繰延節税のひとつに、経営セーフティ共済の利用があります。

経営セーフティ共済（中小企業倒産防止共済制度）とは、取引先の事業者が倒産した場合に、連鎖倒産や経営難に陥ることを防ぐための制度です。

掛金額は、毎月5000円～20万円まで自由に選べます。会社の状況に合わせて掛金額の増減も可能です。**拠出した掛金は、損金もしくは必要経費に算入できるので、毎年の節税につながるというわけです。**

そして万が一、**連鎖倒産に巻き込まれそうになったときは、無担保・無保証人で掛金の最高10倍（上限8000万円）まで借入れ可能です。**

自社の倒産や、自社の倒産によって取引先が連鎖倒産するリスクを減少させることができる、というわけです。

この経営セーフティ共済は、以前から「倒産防」という愛称で親しまれています。すでに加入されている企業もいるでしょう。節税効果や倒産危機に借り入れできることに加え、いざというときに借入金が下りるタイミングが比較的早い点も人気の理由です。

また、**共済契約を解約した場合でも、12カ月以上納めていれば掛金総額の8割以上が戻り、40カ月以上納めていれば、掛金の全額が返金されることもメリットのひとつ**です。

なお、借入れ後は、共済金の借入額の10分の1に相当する額が払い込んだ掛金から控除されますので留意する必要があります。無利息での借入が可能ですが、借入金の10分の1が返ってこないとなると、10%以上の利息が取られることになります。

図2-8　経営セーフティ共済の概要

項　目	内　容
運営主体	独立行政法人 中小企業基盤整備機構 専用ページ（https://www.smrj.go.jp/kyosai/tkyosai/index.html）
加入資格	次のＡもしくはＢに当てはまる事業者（法人・個人） （Ａ） 継続して１年以上事業を行っている中小企業者のうち、以下に該当する事業者 ●製造業、建設業、運輸業その他の業種（資本金３億円以下、従業員数300人以下） ●卸売業（資本金１億円以下、従業員数100人以下） ●サービス業（資本金5,000万円以下、従業員数100人以下） ●小売業（資本金5,000万円以下、従業員数　50人以下） ●ゴム製品製造業（自動車または航空機用タイヤおよびチューブ製造業ならびに工業用ベルト製造業を除く）（資本金３億円以下、従業員数900人以下） ●ソフトウェア業または情報処理サービス業（資本金３億円以下、従業員数300人以下） ●旅館業（資本金5,000万円以下、従業員数　200人以下） （Ｂ） 以下の組合に加入している団体 ●企業組合、協業組合 ●共同生産、共同販売等の共同事業を行っている事業協同組合、事業協同小組合、商工組合 ※医療法人、農事組合法人、NPO法人、外国法人などは対象外となります
掛　金	●月5,000円から20万円までの範囲（5,000 円単位）で選択 ●掛金総額は800万円に達するまで
受け取り方法	●**「共済金」として：** 取引先事業者が倒産し、売掛金などの回収が困難となった場合、被害額もしくは掛金総額の１０倍まで借入可能。 ●**「一時貸付金」として：** 取引先の倒産以外の理由で、臨時に資金を必要とする場合、解約手当金の95％まで借入可能。 ●**「解約手当金」として：** 理由なく解約したいときや、共済契約者の死亡、法人の解散の場合、その期間によって解約手当金が支給される。

お金を散財する「浪費節税」が会社を潰す

最後の節税方法である**「浪費節税」とは、その名の通り無駄な節税。**社長として避けてほしい節税となります。

「浪費節税」に共通するのは、**会社に関係のない自分のプライドや自己顕示欲、浪費のために経費を計上する点です。**会社に関係のない浪費節税は、場合によっては税務調査で認められません。

代表的な例は次の通りです。

- **海外旅行、買い物をする**
- **高級車を買う**
- **使用する予定のない船を買う**

例えば、お客様へのお土産のために買い物をすることは経費になります。また、従業員の福利厚生や、お客様との交流がある場合なども経費に入れることができます。しかし、それらは本当に必要な出費でしょうか。経費の考え方の根本はＣＰＡです。どれだけコストをかけて、どれだけ収益を得るかです。この考え方を忘れてはいけません。前述の項目を見て、「そんな無駄なことをしないでしょ」と思うかもしれません。ですが、意外にも社長のなかには節税をするために、必ずしも事業に必要ではない方法をとる人も少なくありません。

一方で、これらに類似するなかでも「浪費節税」に当たらないケースもあります。例えば、高級車の場合、特に車を利用しない会社で、社長のエゴやプライドのために高級車を購入していたら、これは浪費節税に当たります。しかし富裕層を相手に不動産業を展開する企業が、お客様を案内する際に高級車を利用していたら、自社のブランディングとして必要なことです。これは立派な投資と考えられます。そのため投資節税になります。

浪費節税かそうではないのかを見分けるポイントは簡単です。その高級車や船舶、豪遊が事業によって必要かどうかです。**CPAを意識しているかどうかが大切です。**

浪費節税は最も忌避したい手段のひとつなので、自分のエゴやプライドに負けないように肝に銘じておきましょう。

この場合は浪費節税？　節税投資？

先述のようにわかりやすいケースならいいのですが、会社を経営していると、その支出が浪費節税なのか必要経費なのか迷うことが出てくるはずです。

次のような事例の相談を受けることがあります。

（事例）

社外セミナーのために東京に出張しました。その場で会った社長と意気投合し、夜の銀座で豪遊を楽しみました。

さて、皆さんはこの行為を浪費節税と捉えますか？　それとも投資節税だと思いますか？

この事例のポイントは、**社外セミナー出席のための旅費交通費や宿泊費は投資節税であることは多くの方は納得してくれるでしょう。問題は、社長と夜に豪遊したお金が、投資節税になったかは自身の戦略次第だということです。**

経費には算入できるものの、浪費節税となった可能性もあります。この会食が、自社の売上向上につながるのであれば、投資節税ですし、一晩だけの話で終わってしまった場合には、浪費節税になりかねません。

どのように費やした経費かによって売上が向上するのかを意識して出費すると思います。

ただビジネスにおいて、対面での人とのつながりは、次のビジネスの芽になる可能性を秘めています。**すべての交友関係を浪費節税としてしまうと、自社の発展を阻害してしまうかもしれません。**その点には注意する必要があります。

浪費節税につながりやすい交際費や設備投資に関しては、一定の判断基準を定めておき、どこまでを必要経費として認めるか自社なりの判断基準を設けておくといいで

図2-9　法人に関係する税金

		国　税	地方税
事業を行う	法人税	●	
	法人住民税		●
	事業税		●
日本で取引を行う	消費税	●	●
従業員に給与を支払う	源泉所得税	●	
有形固定資産を購入する	償却資産税		●
不動産を購入	不動産所得税		●
不動産を所有する	固定資産税		●
	都市計画税		●

しょう。

さて、次の図2－9を見てください。今まで説明してきた法人税等以外にも会社経営のなかで関係のある税金はこんなにもあります。

まず、事業の売上にかかる税金は、法人税や法人住民税、法人事業税などがあります。

消費者から預かって代わりに納税する税金は、消費税や従業員から預かる所得税として源泉所得税などです。

一定額以上の機械や備品などの有形固定資産を購入した場合に維持するとかか

る償却資産税等も発生する可能性があります。

また、不動産を購入・所有した場合には、不動産取得税や固定資産税・都市計画税がかかります。すべてを覚える必要はありませんので、こういった種類の税金があるのだなと知っておくだけでよいでしょう。

社長にとって消費税の増税は良い？　悪い？

消費税は会社を経営する上で、必要な知識となります。

２０１９年10月１日より、消費税が10％に増税されました。この増税により「支払いが増える！」と思った社長の方も多いことと思います。

ですが、これは勘違いで、**実は消費税が8％でも10％でも会社にとっての負担は変わりません**。なぜなら、法人にとって消費税は、消費者から預かったお金を代わりに払うだけの「間接税」だからです。

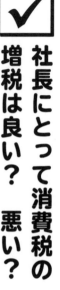

例えば、消費税が８％のとき、税抜き１００円であったアイスクリームは１０８円で購入できていました。一方で、消費税が10％に変わった際は、１１０円に変更になりました。

消費者の立場で考えれば、明らかに払っている額が多くなっているため、損をしている気分になるのですが、会社経営をしているあなたにとっては、損をしていないの

図2-10　消費税の流れ

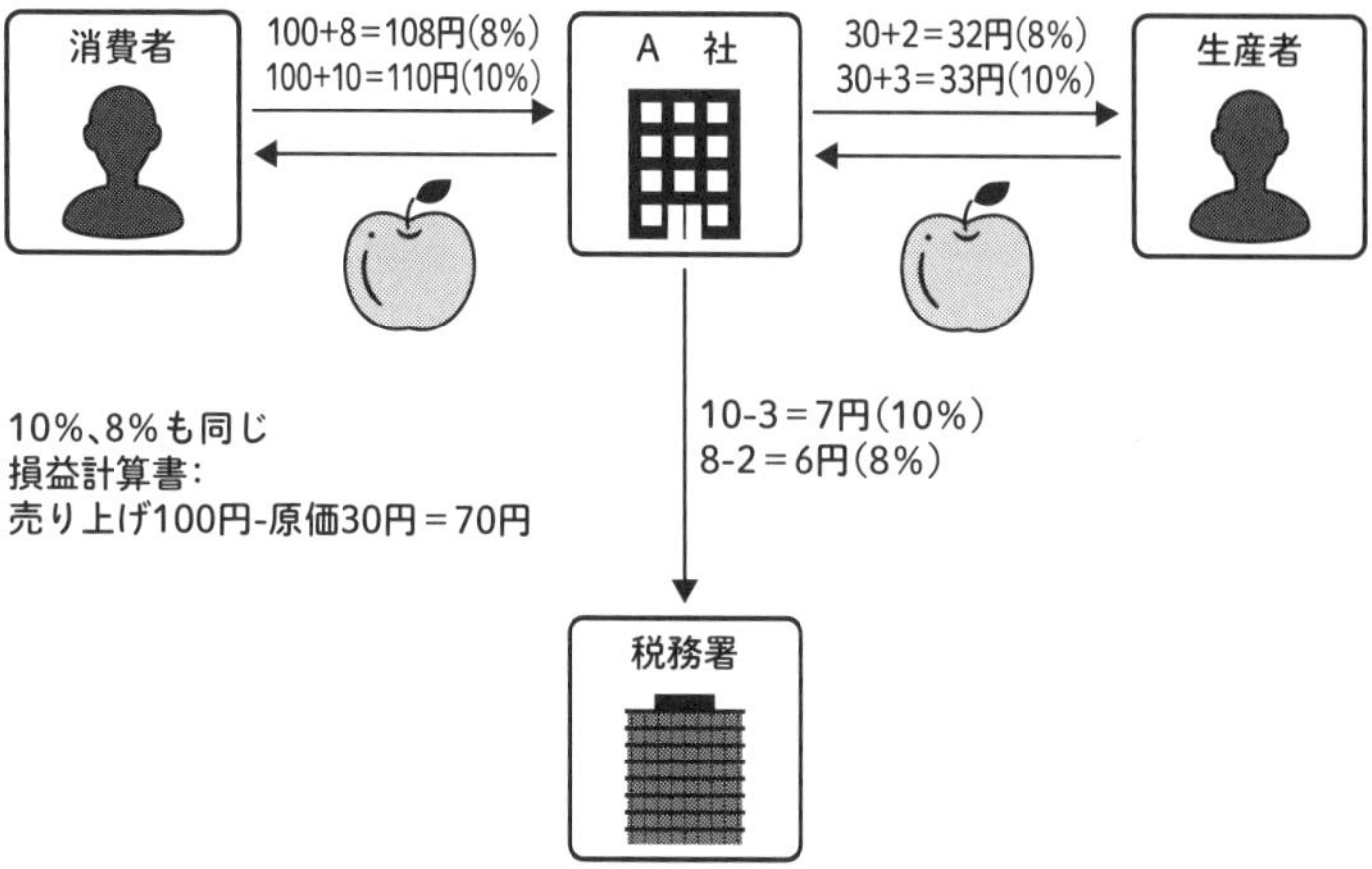

です。

これだけではわかりづらいと思いますが、簡単な具体例で考えてみましょう。

図２－10を見てください。

例えば、リンゴを取り扱っているA社があります。

そのA社は原価30円（税抜）で仕入れたリンゴを、消費者に１００円（税抜）で販売しているとしましょう。

このとき、消費税が８%であれば、リンゴの原価は32円（税込）、販売額は１０８円（税込）となります。一方で、消費税が10%だと、リンゴの原価は33円（税込）、販売額は１１０円（税込）になります。預かっている消費税と支払った消費税の差額を税務署に支払いますので、10%のときは7円を、8%のときは6円を払うことになります。会社の利益は変わらず70円です。

ただ、売上1000万円未満の会社に関しては、今まで払っていた7円の消費税を免除してあげましょうという決まりがあります。そのような優遇されている事業者を免税事業者といいます。

免税事業者の場合は、販売額に含まれた消費税をそのまま自分の収入に含めることができます。この小規模事業にとっては、増税=収入増となるわけです。図2-10であれば、7円は税務署に納税せずに会社でもらうことができます。また、この免税事業者が売上1000万円以上になったとしても、その2期後までは免税業者と同じく消費税の納税を免除されます。

一方で、消費税が10%のときにこのリンゴを販売した売上1000万円以上の課税事業者は、10円-3円=7円の消費税を税務署に納税します。これは消費者から預か

図2-11　消費税の還付

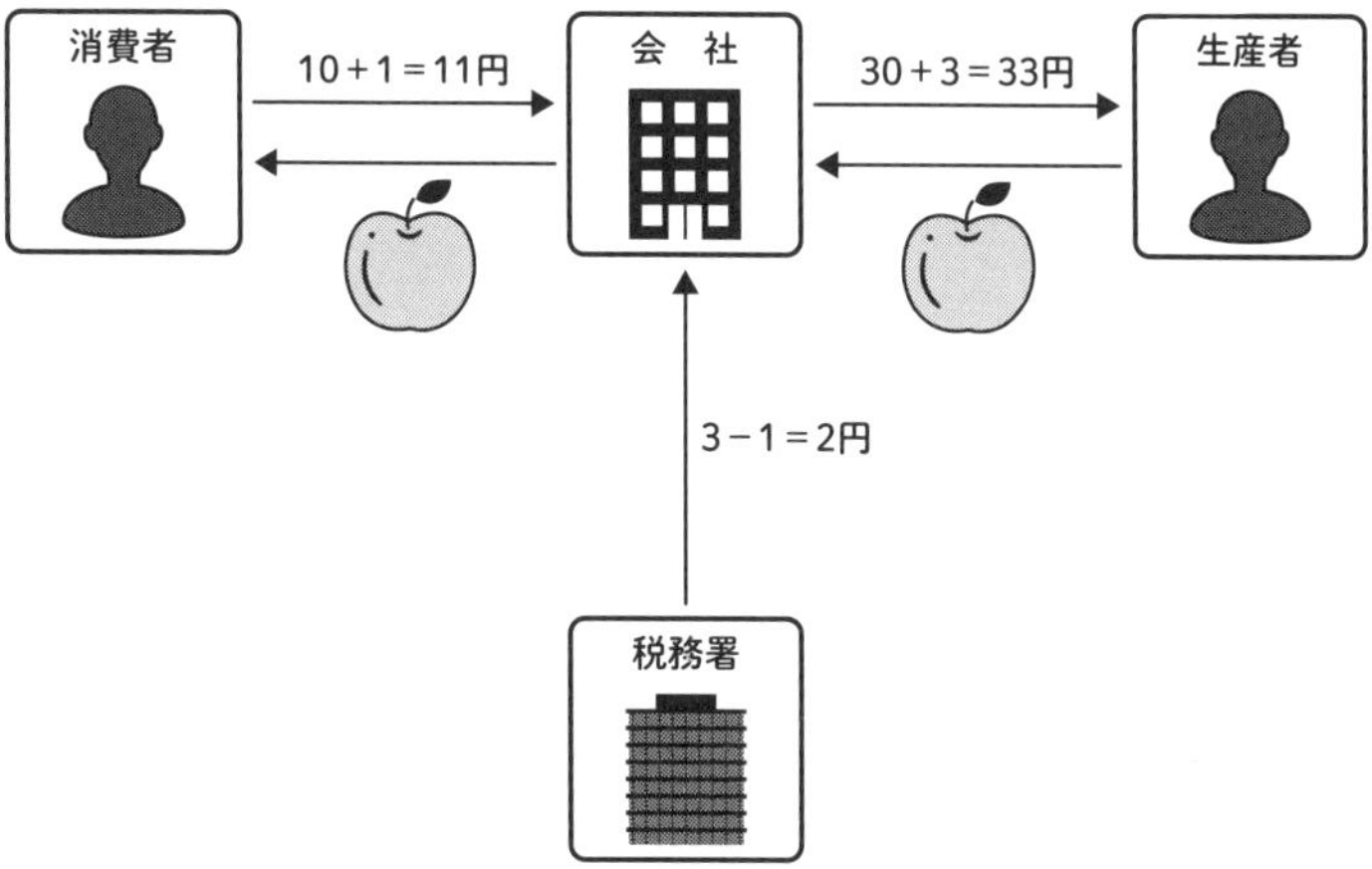

った税金を代わりに納付しているだけなので、会社に損失は生まれません。

注意したいのが、**この納税額を計算せずに自社の利益だと勘違いしてしまうこと**。もしも多くの経費を使って会社の現金預金がほとんど残っていなかったら、資金ショートする可能性があります。そのようなときは税務署に相談して分割して納税することができます。なお、原則的に金融機関は消費税の納税のためにお金を貸してくれません。納税資金は手をつけず確保しておくのが大切です。

また、30円（税抜）で仕入れたリンゴが、10円（税抜）でしか売れなかったとしましょう。この場合も一旦は消費税10

%を含めた33円（税込）で仕入れ、11円（税込）で販売することになります。

しかし**赤字の場合は、3円－1円＝2円の消費税は税務署から還付されます。**消費税は納付することばかりではなく、還付することもできるのです。

原則課税と簡易課税で消費税を少なく払う

消費税の計算方法には「原則課税」と「簡易課税」の2種類があります。その課税方法によっては、負担する消費税額が変わってくるので、とても重要な知識です。まずは2つの課税方法について説明します。

原則課税とは受け取った消費税から、実際に支払った消費税を差し引いて納税する消費税額を計算する方法です。 一方で、**簡易課税とは、仕入額を売上額の一定割合とみなして、控除額を簡単に計算する方法です。**

先述したリンゴの例は、原則課税で算出していました。もし簡易課税で考えるなら、販売したリンゴの消費税である10円に、業種ごとに定められた「みなし仕入率」をかけて、計算します。

例えば、33円（税込）で仕入れたリンゴが110円（税込）で売れたとき、その売上にかかる消費税は10円です。原則課税では7円の消費税を税務署に支払いました。一方で、簡易課税は10円×80％（農業のみなし仕入率）＝8円となります。差額2円を消費税として納税することになるのです。

この場合では、簡易課税のほうが納付額は低くなります。

ここでは、説明をするために便宜的に1個のリンゴを例えとして用いましたが、実際の商売ではもっと大きな金額を扱うのが一般的です。そのため、**原則課税か簡易課税かによって大きく税金が変わっていきます。**

なお、簡易課税制度のメリットは、**売上部分から簡単に計算できてわかりやすい点です。**また次のような場合は、簡易課税の方が納税額を軽減できます。

①みなし仕入率＞実際の原価率になる場合：実際の原価率が30％なのに、みなし仕入れ率が50％など、みなし仕入率の方が高い場合は、原則課税よりも少ない納税額になります。

②原価に対して消費税がかからない場合：例えばソフトウェア開発などで開発原価の大部分が人件費の場合、人件費には消費税がかかりません。ですから、原則課税だと、売上分の消費税をほぼ納税する必要がありますが、簡易課税ならみなし仕入率分の消費税が軽減されます。

対して、簡易課税では損失が出るケースもあります。簡易課税では消費税が還付されることが原則ありません。

もし大きな投資節税や業績不振などによって赤字を計上する場合にも、売上に対してみなし仕入率分だけ消費税がかかってしまいます。ですから、**直近で大きな投資を控えている場合は、原則課税に切り替えておいた方が安心といえます。**

簡易課税を利用する際は、前課税期間末までに「消費税簡易課税制度選択届出書」を提出する必要があります。また、基準期間における課税売上高が5000万円超の場合は、原則課税しか選択できません。簡易課税を一度適用すると2年間は変更できないので、先々のことを考えて届出書を提出するといいでしょう。理解が難しければ、「売上高1000万円を超えたら税理士に相談する」ことだけ覚えておきましょう。

第２章のココがポイント！

- 税金は後払いであるため、会社の財布の中身には、自分のお金と他人のお金が入っている
- 法人税等は利益の３分の１となり、３分の２は現金預金として残る
- 節税には「投資節税」「繰延節税」「浪費節税」の３種類がある
- 「投資節税」は、「攻めの経営」と「守りの経営」を意識して投資をする
- 投資節税は、数字をもとにロジカルに行う
- 余裕がでてきたら「繰延節税」を検討する
- 「浪費節税」は、会社を潰すためやらない
- 消費税は、預かった消費税と支払った消費税の差額を税務署に収めているだけの税金
- 売上高 5000 万円未満の場合は、原則課税と簡易課税を理解して使い分ける

第3章

税金力をもっと鍛えて社長とパートナーのお金を増やす

✓ 社長のお金を増やす

中小企業の場合、株主と社長が同一人物のケースが多いと思います。

このとき、社長は会社の預金通帳と社長の預金通帳、**この2つの中身を両方とも増やすことを考えなければなりません。**

どういうことなのか。まずは図3－1を見てください。

会社の預金通帳は、事業に関連するお金をやり取りするための口座です。そのため、事業に関係のない支出は経費として認められません。

一方の社長や家族の個人通帳は、私的なものなので、支出する利用用途にとくに制限はありません。いざというときには、社長が個人預金から会社に貸しつけることもできます。十分に、個人の通帳残高も増やしておくと安心です。

さらに、ここからが重要です。

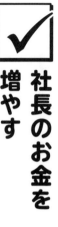

図3-1　会社と社長の預金通帳の違い

	お金の使い道	税金負担	金融機関
会社の預金通帳	△ 事業に関連する経費にしか使えない	△ 会社の法人税率と個人の所得税率を比較し、両方の税率が下がるように調整	○ 残高が多いと金融機関からの印象が良い
社長・家族の預金通帳	○ 私的利用もできる。会社への貸付も可能		△ 個人で銀行融資を受けないなら特に関係なし（ただし創業融資は個人預金も重視される）

会社の所得に対してかかる税金は「法人税等」、個人の所得に対してかかる税金は「所得税」です。この**法人税と所得税の税率には、実は大きな違いがあります。**

まず法人税には、会社規模によって税率が定められていて、その税率に利益額を掛けることで、納税額が決まります。つまり**利益額に関係なく、税率は一定です。**

しかし所得税は、その課税所得額に応じて段階的に税率が上がっていく「累進課税制度」です。つまり、**稼げば稼ぐほど税率が上がっていくのです。**

この**法人税率と所得税率の違いを利用**

すると節税になります。言い換えれば、会社と社長の預金通帳を使い分けることで、支出する税金を抑えることができます。

ちなみに、金融機関からお金を借りる場合は、会社の預金通帳の残高が多ければ多いほど、条件交渉に有利となります。また決算書の中身を見られるので、決算内容が良いほうが多くの融資を受けられるでしょう。社長個人の預金残高は特に考慮されません。

しかし、例外的に社長の個人通帳の内容が評価されるのは「創業融資」を受けるときです。この創業融資は一般的には会社設立から3年以内に利用するもので、まだ決算書が3期分揃っていない状態のため、社長個人の資産や信用が試されるわけです。

役員報酬を決めて節税する

法人税率と所得税率の違いを利用して節税することができると前述しました。その方法のひとつに「役員報酬」をうまく活用することが挙げられます。

役員報酬の支払いには原則的には、2つの方法があります。

①定期同額給与

役員報酬は決算後3カ月以内に決定します。一度決めた給料は、期中では変更できません。しかし会社が今にも倒産しそうなときには、変更可能です。一度決めた報酬を定額で計上する必要があるため、定期同額給与といいます。給与の額を変動させてしまった場合には、一部の役員報酬の金額が経費としては認められませんので注意が必要です。役員の報酬は毎月変動させることはできません。

②事前確定届出給与

役員の報酬は変動できないのであれば「賞与をもらえないのではないか？」と思われるかもしれませんが、そうではありません。事前確定届出給与を利用することによって賞与を得ることができます。

事前確定届出給与を定めた株主総会等の決議をした月から1カ月を経過する日、もしくは会計期間開始日から4カ月を経過する日のうち、いずれか早い日までに税務署に提出すれば、届け出に記載した日に記載した金額の賞与が認められます。

決算が終わりそうな時期に「当期は利益が多く出たから役員に賞与を出しましょう」といったことはできません。遅くても会計期間が始まって4カ月目には役員の賞与を定めないといけません。事前に賞与を決める必要があるため、事前確定届出給与といいます。

この役員報酬をいくらにするかが、節税の大きなポイントになります。

まずは、その金額を考える前に、法人税と所得税の税率の決まり方を知っておく必要があります。

図3-2　所得税と法人税の比較

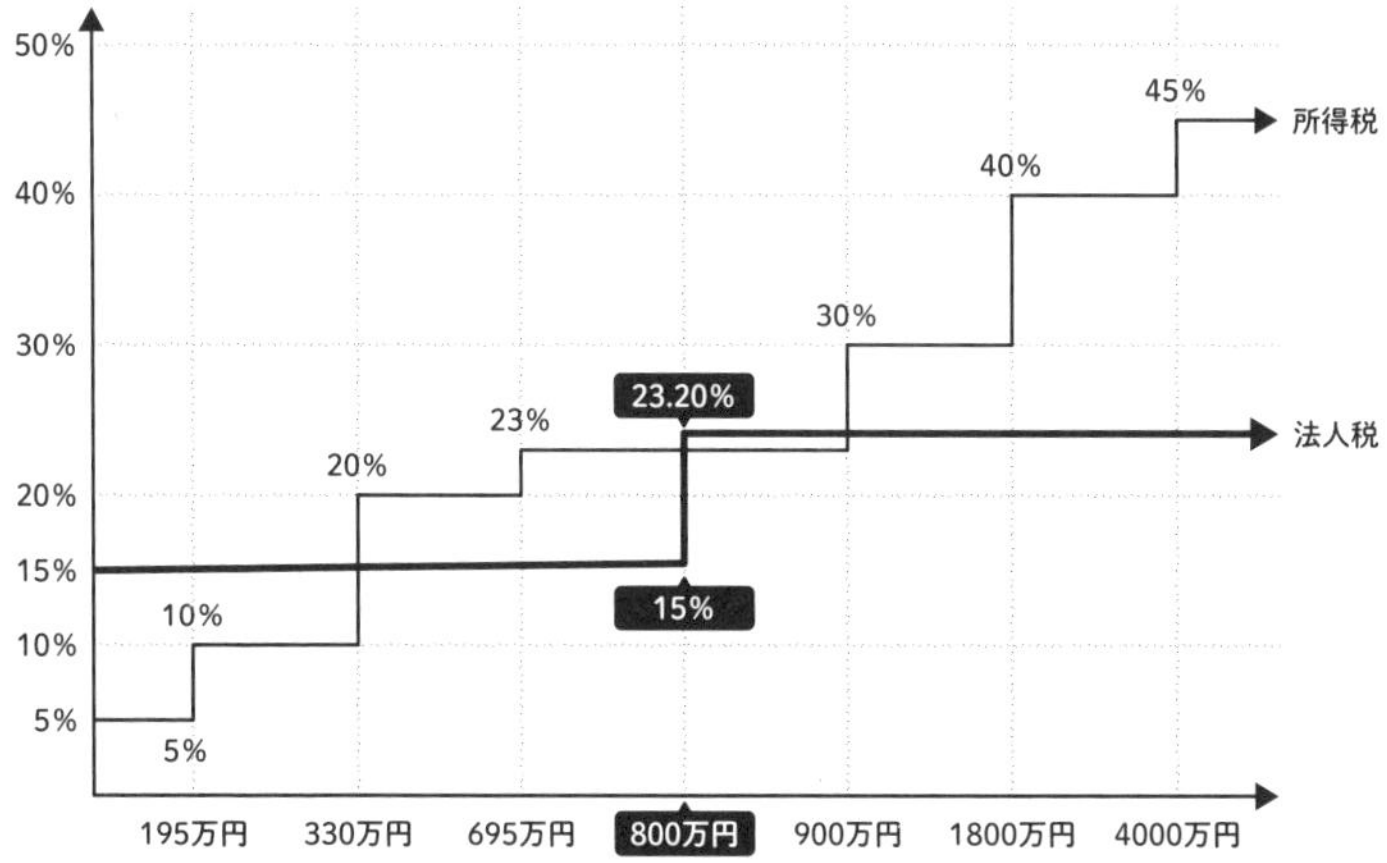

法人税と所得税の関係

次の図3－2は、売上（所得）に応じた法人税率と所得税率を示しています。

資本金1億円以下の普通法人の場合、課税対象額が年800万円以下の部分は15％、800万円を超える部分は23・20％の税率になります（一部の法人を除く）。個人の所得税は、課税所得が695万円以上だと税率23％になり、そこから税率が30％、40％、45％と段階的に上がっていきます。

なお、法人には、法人税の他に住民税や事業税があり、個人の所得税を計算する際には、扶養控除や配偶者控除など、いくつかの所得控除を受けられます。また、個人には住民税があります。そのため、個別事情を加味しないと厳密に出すのは困難ですが、おおむね所得が８００万円前後を基準に考えると良いかと思います。

事例をもとに考えた方がわかりやすいので、ここで役員報酬を考えるためのケースを紹介します。

【前提条件】

・（役員報酬を差し引く前の）会社の利益　１５００万円

社長の役員報酬が年収４００万円の場合と年収７００万円の場合で場合分けして考えてみましょう。

この条件をもとに役員報酬を調整して節税を試みると図３－３のようになります。

その差額である約70万円分を節税できることになります。

図3-3　法人税と所得税を利用

役員報酬控除前の利益金額　1500万円

A.社長の年収400万円の場合

（役員報酬を加味した利益金額1,100万円）

個人の税金　所得税　9万円
　　　　　　住民税　18万円

法人の税金　法人税等　306万円

個人＋法人の税金合計333万円

B.社長の年収700万円の場合

（役員報酬を加味した利益金額800万円）

個人の税金　所得税　32万円
　　　　　　住民税　38万円

法人の税金　法人税等　196万円

個人＋法人の税金合計266万円

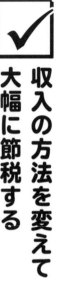

収入の方法を変えて大幅に節税する

総合課税と分離課税とは

個人がもらう収入には、さまざまな種類があります。会社から給料でもらう収入、銀行にお金を預けていたら利息としてもらう収入、株を購入したら配当金をもらう収入、所有している不動産を売却してもらう収入等複数の方法があります。個人がもらう収入は10種類に分けることができます。その10種類は大きく2つの課税方式によって分別されます。それが総合課税と分離課税です。

総合課税とは、**1年間の所得を合計して、課税の対象とする計算方法**です。主に、不動産の賃料収入、個人事業主としての事業の収入、役員としての役員報酬としての収入は合算されて計算します。税率は5%〜45%まで所得が増えると上がります。一方、分離課税とは、**その種類の所得だけに独自の税率をかけて計算する方法**です。主に不動産を売却したときの収入、会社の株を売却したときの収入等になります。つまり、合算して税金を算出するのか、もしくは種類ごとに税金を算出するのか、という違いになります。

社長の役員報酬は給与所得で、総合課税に含まれ、所得税と住民税合わせて最高55%と高く設定されています。そこで、税率の低い株式の売却益や退職所得などの分離課税を利用すれば、上手に節税できる可能性が出てきます。

会社で稼いだお金を、社長個人の財布のなかに入れる方法は、合計で5つあります。会社の社長としては、毎月役員報酬でもらう方法、役員退職時に退職金としてもらう方法または、会社の規定を作成して税金を払わずにもらう方法の3つです。

一方で、中小企業の社長は、社長であり、株主である方が多いと思います。その際は、利益が出ていれば、配当金としてもらう方法と、自分の会社の株を売却した際に株の売却益としてもらう方法の2つがあります。それぞれのメリット、デメリットがありますので、見ていきましょう。

図3-4　総合課税と分離課税

	総合課税	分離課税
内　　容	所得を合算して課税する	所得によって税率が違う
種　　類 （例）	不動産所得・事業所得・給与所得	5年間保有の不動産の売却益の所得 …20.315% 5年以下の不動産の売却益の所得 …39.63% 株式の売却益の所得…20.315%

退職金の活用

　個人の所得で節税に活用すべきは、①退職金、②株の売却益、そして③規定です。

①の退職金は、役員を退任するタイミングで受け取れるお金です。退職金は「退職所得」として、税金の低い収入となります。

　では、2000万円の退職金を受け取った場合、どうなるのか。勤続年数は25年として退職所得と納税額を計算してみましょう。

図3-5　所得税の決算表

課税される所得金額	税率	控除額
1,000円 から 1,949,000円まで	5%	0円
1,950,000円 から 3,299,000円まで	10%	97,500円
3,300,000円 から 6,949,000円まで	20%	427,500円
6,950,000円 から 8,999,000円まで	23%	636,000円
9,000,000円 から 17,999,000円まで	33%	1,536,000円
18,000,000円 から 39,999,000円まで	40%	2,796,000円
40,000,000円 以上	45%	4,796,000円

図3-6　社長の財布にお金を増やす方法

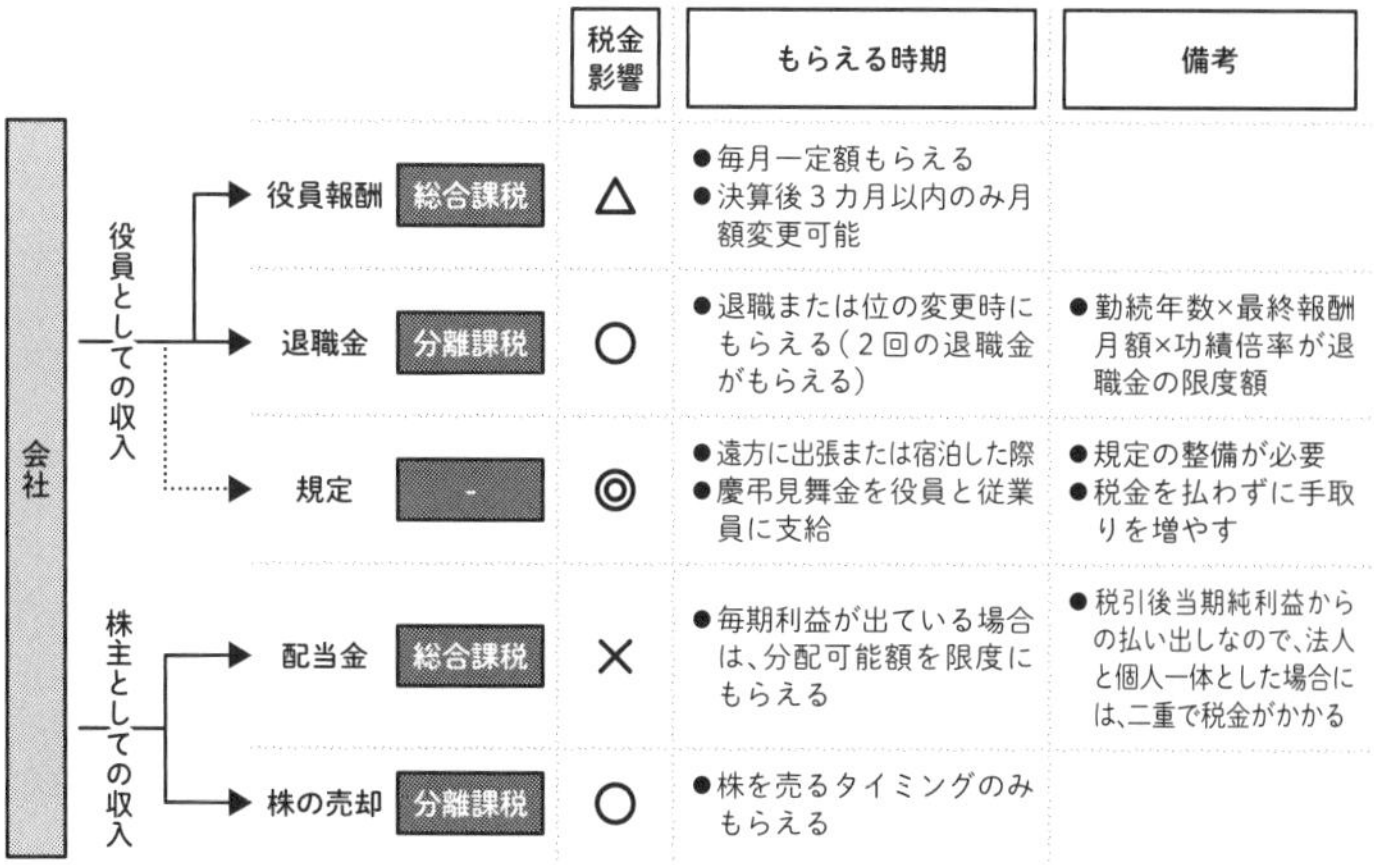

図3-7　退職金の活用

退職金2000万円	
所得税：約43万円	
住民税：約42万円	税金合計：約85万円
役員報酬2000万円	
所得税：約380万円	
住民税：約160万円	税金合計：約540万円

一方で、役員報酬が2000万円だと、総合課税の税率が適用され、所得税が約380万円、住民税約160万円、合計で約540万円かかります。

いかがでしょうか。このように、同じ2000万円という金額を役員報酬として受け取るのか、退職金として受け取るのかでは、納税額に大きな差が出ます。なぜ、退職金でもらうとこんなに税金が安いのでしょうか。税金の考え方としては、退職後の生活の糧となる財源であるため、多くの税金で持っていくことは酷であるという点から退職金には税金が少なくなっています。

それであれば、退職金を多くもらうようにすれば良いのではないか？　そう思われる方もいるかと思います。**退職金には税務上、認められる範囲があります。**その算出方法は、**最終の役員報酬額×在任期間×功績倍率になります。**功績倍率は一般的には、会長・社長が3倍、副社長2・8倍、専務は2・5倍、常務は2・2倍、取締役・監査役は2・0倍です。これは厳密に定められているものではありませんが、過度に多い場合は、退職金ではなく役員賞与として認定されてしまいます。事前確定届出給与を税務署に提出していない限りは法人の経費としては認められません。

役員賞与になると退職金としての計上はできません。**個人としても退職所得ではなく給与扱いになれば、総合課税の対象となって税金が跳ね上がってしまいますので、**

その点には注意が必要です。この場合、功績倍率を慣習より増やすために、その規定を文書化して保管する方法もあります。また、退職前の「最終報酬月額」も重要な指標になるため、退職予定月から起算した3年前には、退職金額を決定しておくといいでしょう。

ちなみに、退職金は社長から会長に退くときや常勤役員が非常勤役員に変更したときなどの分掌変更の場合も認められますのでうまく活用しましょう。

株式等の譲渡所得の活用

退職所得と並んで**税率が低いのは、株の売却益に対する、「株式等の譲渡所得」です。現在の税率は、20・315%**（うち所得税15%、復興特別所得税0・315%、住民税5%）**となっています。**

オーナー社長は自分の会社の株を保有していますので、保有していた会社の株式を売却すれば、その売却益を受け取ることができます。

ケーススタディで考えてみましょう。

図3-8　株式等の譲渡所得の活用

会社設立時	売却時
①株価　100円	①株価　5,000円
②株数　10,000株	②株数　10,000株
③企業価値（①×②）1,000,000円	③企業価値（①×②）50,000,000円

5000万円の株式売却益

所得税：約750万円
住民税：約245万円
税金合計：約995万円

5000万円の役員報酬

所得税：約1640万円
住民税：約400万円
税金合計：約2,040万円

会社設立のときに、資本金100万円（1株100円で1万株）で会社を設立しました。その後、あなたの会社を買いたいという方が現れます。50倍に自社の株価がなったと想定します。1株5000円の自社株を1万株全て売却した場合の譲渡所得と税金額はいくらになるでしょうか。ビジネスで成功すると、株価が数十倍～数百倍にはね上がることはよくある話です。

譲渡所得は、1万株×5000円＝5000万円となります。しかし、これにも税金がかかります。税金は、売却益にかかるため、（5000円－100円）

×1万株になり、これに20・315％（所得税、住民税を合わせて）をかけて、**税金額は約995万円となります。**

しかし、もし5000万円を役員報酬で受け取っていた場合はどうなるでしょうか。所得税約1640万円、住民税約400万円で合計2040万円ほどになります。

このように、通常の役員報酬として受け取った場合よりも、1045万円の節税が可能です。ただし株の売却益が得られるのは、売却したタイミングの1回のみ。株は何回かに分割して売却できますが、株がなくなったら使えなくなる手段である点は注意しましょう。

余談ですが若くして億以上の資産を持っている社長は、会社を売却して資産を形成しています。給料として報酬をもらうと、所得税と住民税以外に社会保険料がかかります。

各種規定の活用

規定で節税をすることができると言われても、ピンとこないかもしれません。

しかし、会社では規定を設けることで、**その経費を非課税にすることもできます。よく使われるのは、「旅費規程」と「慶弔見舞金規定」の2つです。**

まず**旅費規程は、出張に際して、日当や宿泊日当、宿泊料を定めると、その分は非課税で受け取れるというものです。**規定を定める際は、役職や出張期間、出張先により日当や宿泊料の金額を明確にすること、社会通念上相当の金額に収めること、取締役会や株主総会で承認を得て議事録を残すことが必要です。また出張のあとは「旅費明細書」を作成して、出張の事実を記録・保存します。

一般的な旅費規程は図3－9の通りです。あまりに金額が多い場合には、税務署に否認されて給与扱いになってしまいますので、注意しましょう。

図3－10の**「慶弔見舞金の規定」は、会社の従業員や役員、その親族などに対する慶弔・禍福のことです。**一般的に妥当な金額を会社規定で定めれば、会社側では福利

厚生費として損金算入でき、従業員側は非課税で受け取れます。

もし役員に対する慶弔見舞金が従業員よりも著しく高い場合は、税務署から役員賞与として扱われ、納税対象になる可能性があります。一般的な金額で設定しましょう。

図3-9　旅費規程　一例

区　分	日帰り出張の日当	宿泊出張の日当	宿泊料(1泊当たり)
代表取締役	3000円	5000円	20000円
取　締　役	2000円	3000円	18000円
管　理　職	1500円	2000円	15000円
一　般　職	1000円	1500円	10000円

図3-10　慶弔見舞金の規定　一例

名称	内容	金額
結婚祝金	役員・従業員が結婚したとき	1～3万円
出産祝金	役員・従業員やその配偶者が出産したとき	1～3万円
死亡弔慰金	役員・従業員が何らかの理由で死亡したとき、もしくはその家族が死亡したとき	本人の場合：5～10万円 家族の場合：1～5万円
傷病見舞金	役員・従業員が何らかの理由でケガや病気により休業したとき	1～3万円

小規模企業共済とiDeCoの仕組みを活用して着実に節税

ここからは、社長個人として加入し、利用できる節税方法をお伝えします。

個人通帳、家族の通帳を運用しながらその**投資額が経費として認められるものがあります。**節税しながら、資産運用ができるメリットがあります。

代表的な制度は、小規模企業共済とiDeCo（個人型確定拠出年金）です。

小規模企業共済で節税

まず**小規模企業共済とは、小規模企業の社長や役員、個人事業主などが加入できる「退職金制度」です。**現在、全国で約147万人の方が加入しています（2020年3月時点）。

小規模企業共済のメリットは、**掛金が全額所得控除できる点です。掛け金が経費として認められます。一定期間加入して所定の条件を満たせば、預けたお金が減らずに**

図3-11　掛金の全額所控除による節税額一覧表

課税される所得金額	加入前の税額		加入後の節税額			
	所得税	住民税	掛金月額 1万円	掛金月額 3万円	掛金月額 5万円	掛金月額 7万円
200万円	104,600円	205,000円	20,700円	56,900円	93,200円	129,400円
400万円	380,300円	405,000円	36,500円	109,500円	182,500円	241,300円
600万円	788,700円	605,000円	36,500円	109,500円	182,500円	255,600円
800万円	1,229,200円	805,000円	40,100円	120,500円	200,900円	281,200円
10000万円	1,801,000円	1,005,000円	52,400円	157,300円	262,200円	367,000円

戻ってきます。

具体的に見ていきましょう。

小規模企業共済の毎月の掛金は、１０００円～７万円の範囲内で選択できます。**もし毎月５万円ずつ積み立てた場合、年間60万円分が所得から差し引けることになります。**これはかなり大きな金額ですね。また20年以上掛金を積み立てれば、解約時に１００％以上の共済金（解約手当金）が受け取れます。

ただ、20年未満だと元本割れのリスクがあり、１年未満の解約だと解約手当金を受け取れない場合があります。

図3-12　小規模企業共済の概要

項　目	内　容
運営主体	独立行政法人中小基盤整備機構
加入資格	小規模企業の経営者・役員・個人事業主
掛金額	●1000円～7万円の範囲内（500円単位）で自由に選べる ●加入後の増額・減額も可能
受け取り方法	●一括：退職所得扱い ●分割（10年・15年）：公的年金との合算で公的年金等控除が適用可能 ●一括と分割の併用もできる
中途解約時の条件	●解約時には共済金（解約手当金）が受け取れる ●20年以上積み立てると、100％以上の給付が見込まれる

一定額を積み立てて毎年所得控除によって節税、最終的には退職金として受け取るというのが、小規模企業共済の使い方です。また、小規模企業共済のデメリットは、会社が成長して、**従業員数が増えてくると加入することができません。いつでも資金の増減は可能ですので加入は早めにされると良いかと思います。**

iDeCoで節税

iDeCo（イデコ・個人型確定拠出年金）は、**簡単にいうと「自分で作る年金」**です。iDeCoでは個人がその預貯金から掛金を拠出し、投資信託などで運用します。

図3-13　iDeCoの概要

項　目	内　容
運営主体	国民年金基金連合会
加入資格	20歳以上60歳未満の自営業、公務員、会社員（役員を含む）、専業主婦（夫）
掛金の上限額	20歳以上60歳未満の自営業、公務員、会社員（役員を含む）、専業主婦（夫）
掛金の上限額	●自営業（第１号被保険者）：月68000円 ●会社員、公務員等（第２号被保険者） 　会社員：月12000円、月20000円、月23000円（条件による） 　公務員：月12000円 ●専業主婦・主夫（第３号被保険者）：月23000円 ※月5000円から。1000円単位での変更も可能
受け取り方法	原則60歳から受給可能 ●一括：退職所得 ●分割：公的年金との合算で公的年金等控除が適用できる
中途解約時の条件	原則60歳までは解約不可

掛金額が全額所得から控除できること、そしてiDeCoでの運用益が非課税になることが大きなメリットです。運用したお金は、原則60歳以降に一時金もしくは年金として受け取ります。

iDeCoのデメリットは、60歳より前には原則として受け取れないこと。そのためiDeCoでは老後資金だけを蓄え、それまでに必要な住宅資金や教育費用などは他の手段で確保しておくといいでしょう。

パートナーは所得税と相続税で節税する

もしもあなたに妻（夫）がいる場合は、その通帳も合わせてお金をやりくりすると大きな節税につなげることができます。

考え方は簡単です。まずは、**妻をあなたの会社で雇用します。**従業員として雇ってもかまいませんが、役員としてでもかまいません。ただ、形式上報酬を払うのは、税務署から指摘される可能性があります。何かしらの仕事を与えて、しっかりと勤務実態を残しておきましょう。

まだ**法人の利益が大きくない場合は、妻の役員報酬を扶養の範囲内で設定して節税に努めます。**しかし、**ある程度利益が出るようになったら、妻の役員報酬を自分と同額程度に設定します。**

これによってメリットが２つ生まれます。

所得税で節税

1つは、**所得税の税率を抑えられることです**。もしあなただけが高額な役員報酬を受け取っていた場合、所得税の性質上、税率が高くなってしまいます。しかしその金額を妻と2分割したら、所得税の税率が下がる可能性が高いのです。

具体例で見てみましょう。

・社長の給料が年3000万円のとき、その所得税額は、
所得税約790万円、住民税が約260万円で約1050万円の税金を払います。
↓
・あなたと妻の課税が年1500万円ずつのとき、その所得税額は、
所得税約210万円、住民税約110万円、合計で約320万円になります。それが2人分になりますので320万円×2で640万円になります。約410万円の節税になるのです。

図3-14　社長とパートナーで節税(例)

社長の年収:3000万円
所得税:約790万円
住民税:約260万円　　税金合計:約1050万円

社長の年収:1500万円
所得税:約210万円
住民税:約110万円　　税金合計:約320万円

妻の年収:1500万円
所得税:約210万円
住民税:約110万円　　税金合計:約320万円

（社長と妻の税金合計）約640万円

２人で所得を分けると、iDeCoや小規模共済にそれぞれで加入できますし、生命保険料控除や基礎控除などの各種所得控除が２人とも使用できます。そのため、**実際の節税額はこれよりも大きくなる可能性が高いです。**

ただ報酬を上げると社会保険料は上がりますので、その点だけ注意が必要です。

相続税で節税

妻の財布を厚くする**もう1つのメリットは、相続税を節税できることです。**

社長の役員報酬を高く設定して、自身の財布を厚くするのも良いですが、お金を著しく増やしすぎると、ご自身が亡く

図3-15　相続税の速算表

法定相続分に応ずる取得金額	税　率	控除額
1000万円以下	10%	-
3000万円以下	15%	50万円
5000万円以下	20%	200万円
1億円以下	30%	700万円
2億円以下	40%	1700万円
3億円以下	45%	2700万円
6億円以下	50%	4200万円
6億円超	55%	7200万円

なるときに、パートナーやお子様に財産がわたるときに多くの税金がかかります。

相続税とは、亡くなった被相続人から、遺された相続人に対して資産を移動させるときにかかる税金です。相続税の基礎控除、つまり相続税がかからない金額は３０００万円＋６００万円×法定相続人の数で算定します。

もし相続人が妻と子２人の３人だった場合、相続税の対象となる金額が４８００万円（３０００万円＋６００万円×３人）以内なら、相続税はかかりません。

しかし、この金額を超えると、財産が多ければ多いほど相続税が取られてしまいます。**最高税率はなんと55％！　半分以上を取られてしまいます。**高い税率が適用されないためにも、夫婦は半分ずつ財産を保有していると節税になります。

もしあなたが高額な役員報酬を得ながら定年を迎え、相続対策を考え始めたとき、まずは贈与税がかからない範囲内（年110万円）で家族に長期的に贈与を行い、財産を動かすことから始めましょう。

相続税の節税も他の税金と同様に、期間が長ければ長いほど、多くの選択肢がありますので、早めに税理士に相談されると良いかと思います。

また、最初から2人で同じくらいの資産を持っていれば、相続税の対象となる金額自体が減り、相続税を圧縮することができます。

趣味や自宅も経費にする方法

「生きていること自体が経費となる＝Life is Cost」という考え方があります。事業主ではない個人の支出は経費に該当しませんが、法人が支出したもののうち、事業に関連したものなら経費になります。

個人で支出しているお金をなるべく法人の経費に移行させれば、個人での支出が減少して、使えるお金＝「可処分所得」が増加します。そして会社の経費が増えるので、利益も圧縮して節税になります。

例えば、ゲーム好きの社長が趣味の範囲内でゲームをやるなら、個人の支出となり、経費になりません。しかし、「YouTube」でゲーム配信事業を始めたら、それにかかる支出は事業に関連する経費になり、ゲーム本体代やゲームソフト代を経費に計上できます。

図3-16　個人と法人で使う経費のイメージ

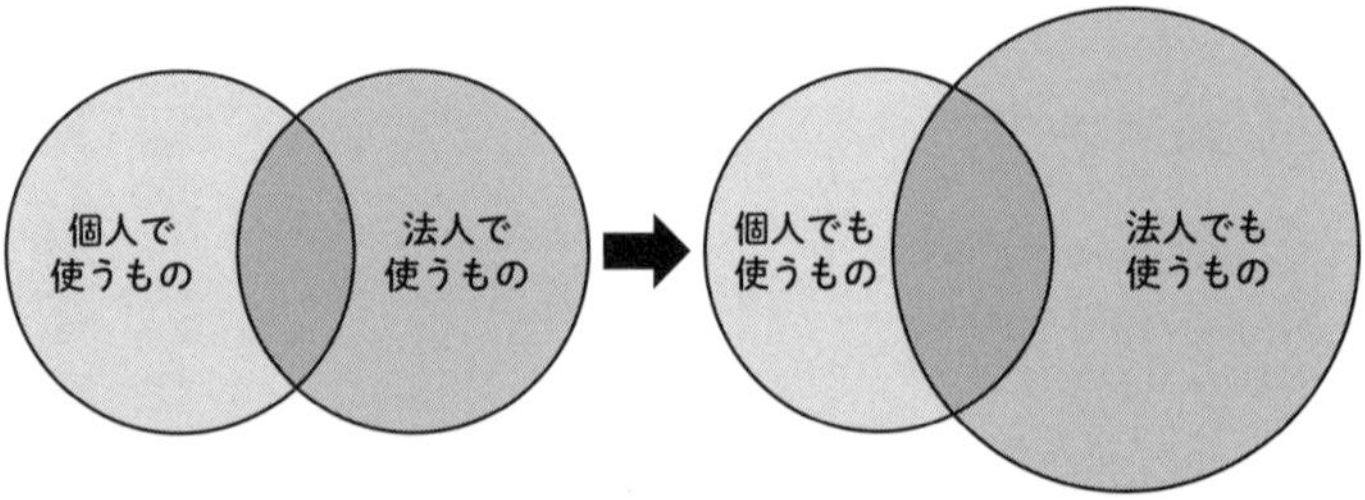

また、海外旅行が趣味の社長が、余暇でアメリカを旅行する場合は、経費になりません。しかし、アメリカの不動産を購入して不動産事業を始め、不動産の買い増しのためにアメリカに行くなら、これは経費の対象となります。

もちろん本当に事業のために渡米したのかどうかは、税務調査で確認されますので、証明するための書類を保管しておきましょう。

この他にも、個人で使っていても法人の経費として扱えるものは少なくありません。一例は、次の図３－17の通りです。会社の福利厚生メニューとして活用できる内容ばかりです。

図3-17　法人の経費に計上しやすい支出　一覧

項目	内容
社宅	自宅を「会社の借り上げ社宅」とする。家賃の70〜80%は会社の経費に計上し、残りの20〜30%は個人で支払う。固定資産税評価証明書を入手する必要がある。
所有する土地	個人で所有する土地を会社に貸し、「土地の無償返還に関する届出書」を提出すれば、会社が任意に地代を設定できる。
旅行	必要な要件を満たせば、役員旅行や社員旅行の費用が経費として算入できる。
スポーツクラブ	法人会員としてスポーツクラブに入会し、その入会金や月会費を経費とする。法人契約を受け付けていないスポーツクラブの場合は、代表者名義の契約でも可。就業規則等に明記するといい。
人間ドック	以下を満たせば、福利厚生費として計上できる。①全従業員が対象であること。ただし「35歳以上」などの年齢制限は認められる。②常識の範囲内で利用すること。③人間ドック費用を会社が直接診療機関に支払うこと。
その他費用	スマートフォンや携帯電話、ポケットWi-Fiなどの通信料は、主に事業で利用される場合は経費に算入できる。

社宅の活用

個人の住宅を**「会社の借り上げ社宅」とすれば、その家賃のうち一定額を経費として計上可能です。**しかしどれくらい会社の経費にできるかは税法上で規定されていて、「小規模な住宅」か「それ以外の住宅（いわゆる豪華住宅）」かによって、経費にできる金額が異なります。

①小規模な住宅の場合

小規模な住宅とは、以下に該当する住宅となります。

・法定耐用年数が30年以下の建物：床面

積が132㎡以下である住宅

・法定耐用年数が30年超の建物：床面積が99㎡以下である住宅

※区分所有の建物は、共用部分の床面積を按分し、専用部分の床面積に加えて算出する。

小規模な住宅は、次の（1）～（3）までの合計額を家賃補助として支給、経費に計上できます。

（1）（その建物のその年度における固定資産税の課税標準額）×0・2％

（2）12円×（その建物の総床面積（㎡）／（3・3㎡））

（3）（その年度の敷地の固定資産税の課税標準額）×0・22％

②豪華住宅の場合

豪華社宅とは、以下に該当する住宅のことです。

・床面積が240㎡超で、取得価額や支払賃貸料、内外装の状況など各要素から総合

的に勘案して豪華住宅と認められるもの
※床面積が２４０㎡以下でも、プールや個人の嗜好を著しく反映した設備など、一般住宅にはない設備が見受けられる場合も豪華社宅に該当する。

豪華住宅は、次の（1）または（2）の金額を家賃補助として支給、経費に計上できます。

（1）自社所有の社宅とする場合：次のイとロの合計額の12分の1
イ　（その年度の建物の固定資産税の課税標準額）×12％
※法定耐用年数が30年超の建物の場合には、12％ではなく10％を乗じること。
ロ　（その年度の敷地の固定資産税の課税標準額）×６％
（2）他から借り受けた住宅等を貸与する場合：会社が家主に支払う家賃の50％相当額か、上記（1）の金額のいずれか多い金額基本的には小規模住宅を社宅として、「固定資産税評価証明書」を会社が入手し、**個人が家賃の20～30％を負担すれば、家賃の70～80％は経費として算入できるでしょう。**例えば、家賃20万円の家に住んでいたら、個人が4～6万円程度を負担すれば、残りは会社の経費にすることができます。

所有する土地を会社に貸す

あなたが月50万円の賃料収入を生むような土地を持っているとします。その土地に自社ビルを建てるため、土地を会社に貸したとします。通常なら会社からあなたに月50万円が支払われ、会社にとっては経費になりますが、あなたは不動産所得を受け取ることになります。そうなると、年間600万円（50万円×12カ月）の収入が増える計算になるので、所得税の税率が上がってしまいかねません。

しかし、**「土地の無償返還に関する届出書」を税務署に提出しておけば、この土地に対する地代を会社が常識の範囲内で任意設定できます。**

基本的には低めの賃料を設定し、個人の所得を抑えるといいでしょう。

経費で社員旅行へ

次の5つの要件を満たせば、社員旅行や役員旅行を経費として計上できます。経費で旅行できるだけでなく、社員とのコミュニケーションの場も設定できるので、社長としては一石二鳥の取り組みになります。

①全従業員の過半数が参加する
②旅行費用が高額ではない：一般的には、1人あたり10万円以内なら問題ない。
③4泊5日以内の旅行：国外に行く場合、機内泊はノーカウント。
④不参加者に金銭を支給しない：もし不参加者に金銭を支払うと、給与として課税される。
⑤社員旅行の事実を残す：社員旅行の企画書や参加者名簿などを作成し、保管しておく。

最近では社員旅行を設ける会社も減ってきましたが、節税の観点と社員との円滑なコミュニケーションの観点からすれば、おろそかにできない行事かもしれません。

第３章のココがポイント！

- 役員の報酬は、定期同額給与と事前確定届出給与の２つの方法が認められている
- 社長は、役員報酬でもらわず、退職金や株式の売却益でもらった方が長い目で手取りが多くなる
- 小規模企業共済や iDeCo 等の個人ができる節税も忘れず行う
- パートナーと収入を半分にすると、所得税と相続税の節税になる

第4章

財務力を鍛えて会社のお金を増やす

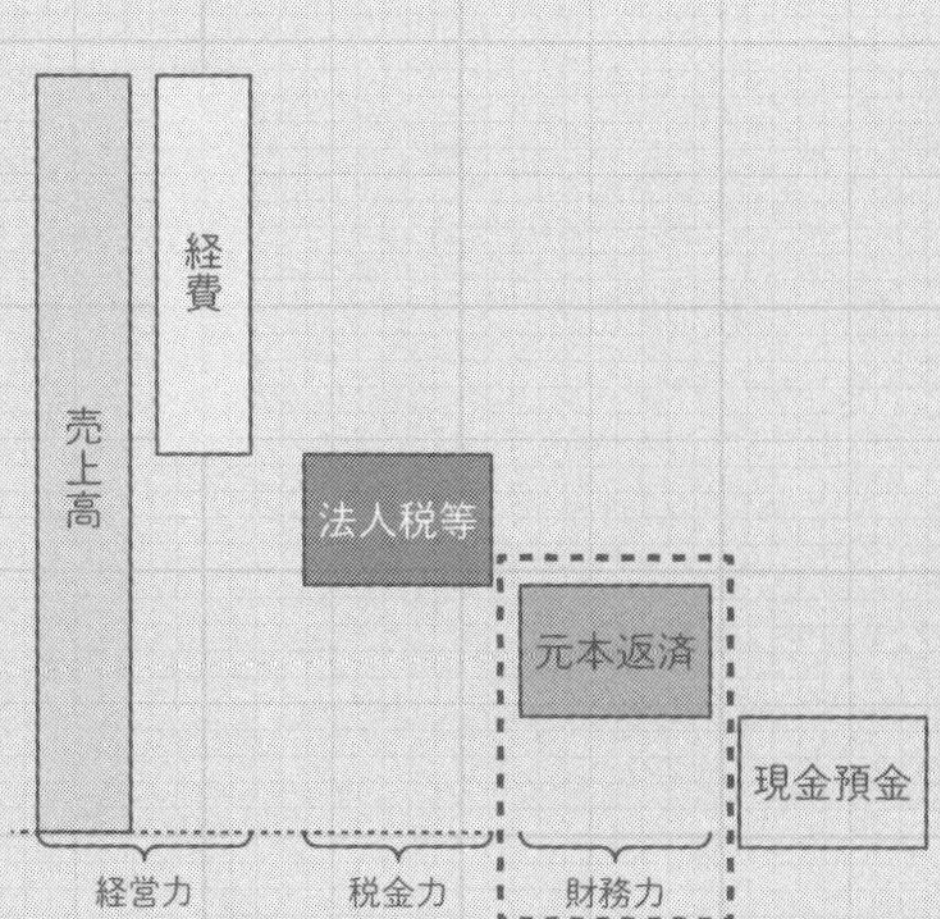

借金の無限ループからの脱出方法

あなたの会社は融資を受けているでしょうか？

日本の中小企業の多くは金融機関から融資を受けていると言われています。

投資や設備投資などの目的で融資を受けること自体はもちろん問題ありません。しかし、借金を返しても、返しても返済が終わらない！　そんな恐ろしいループにハマっている会社を目にすることがあります。


一般的に考えれば、毎月利益を出して、借入金や利息を返済していたら借金はなくなるはず。それなのに、なぜ借金が減らないという構造になってしまうのでしょうか。

まず、借金は現金で返済する必要があります。ですから、何も考えていないと、**「借金が減る↓現金が減る」流れになります。**そうすると、**借金の減少とともに、財布の中身も減っていき、資金ショートしそうになり、「借金を増やす↓現金が増え**

る」ことになります。今度は、**悪の無限ループにはまるわけです。**

社長が目指すべきは「借金が減る↓現金が増える」構図です。

本章では、悪循環を断ち切る方法を知り、借金を賢く使える社長になれるよう目指していきます。

借入金返済＝ダイエット

まずはおさらいから始めます。

会社に残る現金預金は、売上高から経費、法人税等の税金を引いた金額でした。もし借入金があるなら、そこからさらに返済した借入の元本を引いて残ったお金が、あなたの会社の現金預金になります（図4－1）。

では借金を返しても返してもなくならないのは、どのような状況なのでしょうか？

図4－2を見てください。

借金の元本返済が明らかに多く、**「売上高＜経費＋法人税等＋元本返済」になっている場合は要注意です。**借金返済をするためにさらに資金を調達する必要があるため、借金がなかなか減らない体質になっています。これでは、もちろん現金預金も貯まりません。

この場合、**追加融資ができる間はまだ延命できますが、もし売上が下がって赤字になってしまうと、金融機関からの借入が難しくなります。**借金から抜け出すためには売上を上げるしかなく、それが不可能であれば、会社は倒産するしかなくなります。

企業の借金返済は「ダイエット」をイメージしてもらえば、わかりやすいかもしれません。

身の丈に合わない無理なダイエット（毎月の高額な借金返済）は長続きしないですし、急激にダイエットするとリバウンド（さらに借金が増える）してしまうこともあります。身の丈にあった返済をしていくことが大切です。

図4-1　理想的な会社のお金の構造

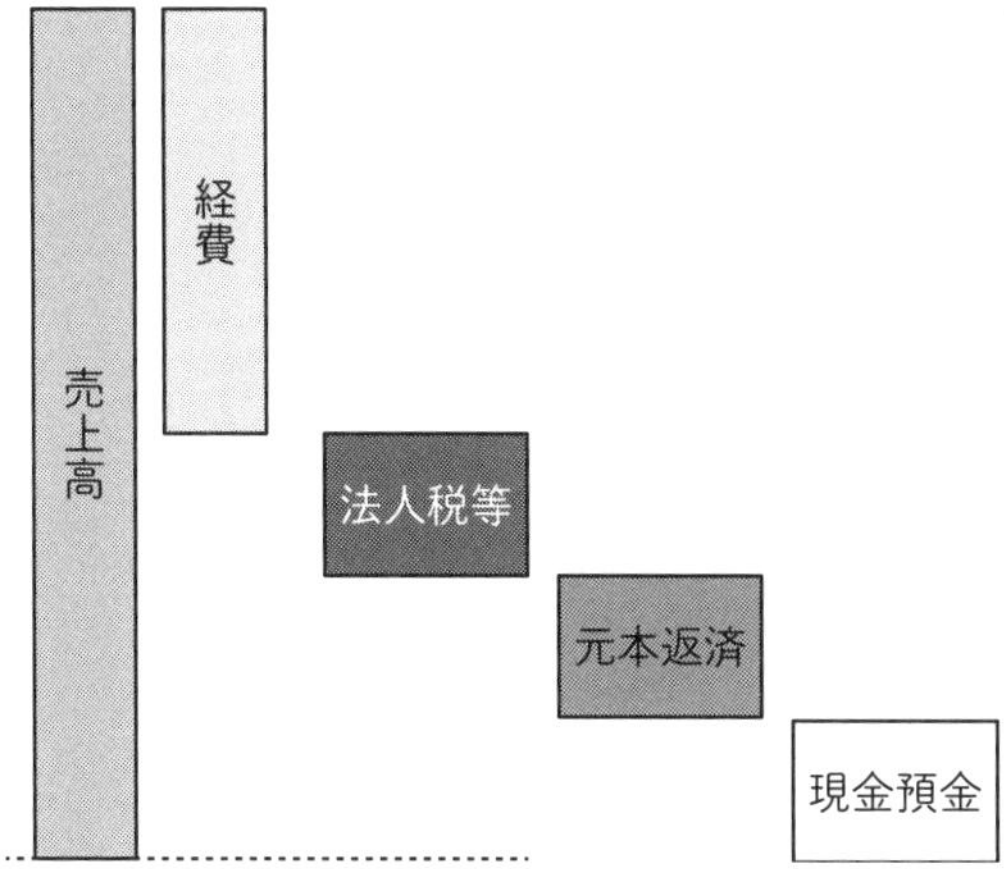

図4-2　借金がなくならない会社のお金の構造

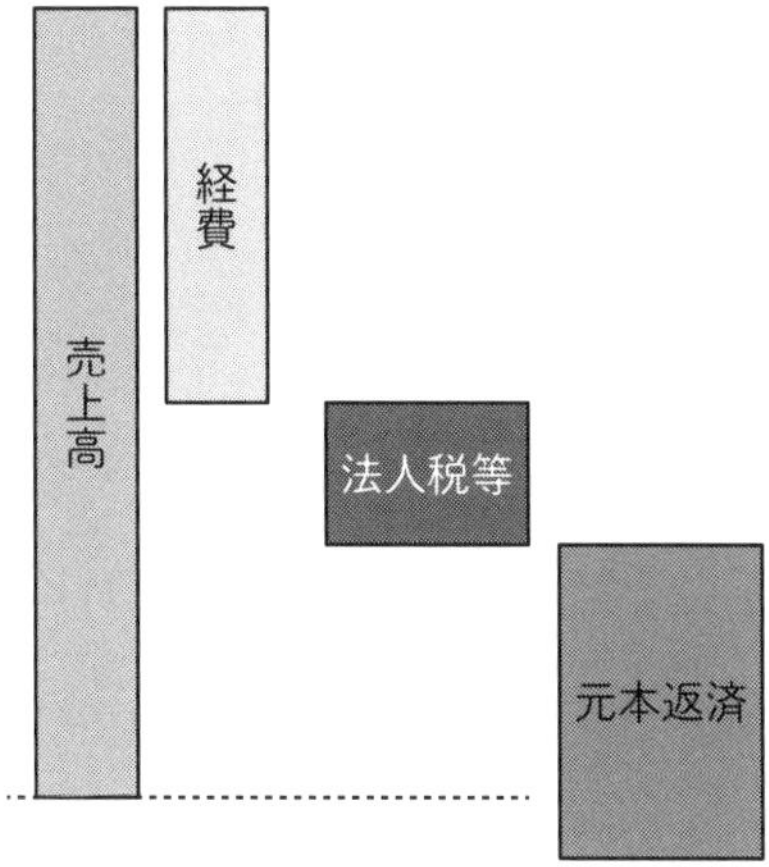

財務力向上のために覚えておくと良い便利な数字

財務力を鍛えることは、つまり「借入上手・返済上手になる」ということです。まずは、返済額の目安を簡単に知ることから始めます。

借入時の1・47倍の法則

借入をすると当然ですが、返済する必要があります。売上高から経費を差し引いて、税金を払った金額から、元本返済を差し引いた残りが現金預金であるとお伝えしました。この構造からもわかる通り、**借入の元本の返済は、税金を引いた後の財源から返済するのです**。そうなると、税引前当期純利益がどのくらいあれば、返済することができるのかがポイントになります。

このときに役立つのが「1・47倍の法則」です。

1・47倍の法則とは、**借入を起こしたら、その1・47倍の税引前利益が返済に必**

要になるということです。なぜ1・47倍かというと元本の返済は経費にならず、法人税等を支払った後の税引き後当期純利益として残ったお金から支払いをする必要があるからです。1000万円の借入金をする場合には、1470万円の税引前利益が必要という計算になります。これを、もし5年で返済するなら、1年あたり約294万円（1470万円÷5年）の税引前当期純利益をつくらないといけません。

返済時の8対2の法則

借入額の返済に必要な額を把握したら、毎月の返済額を考えます。そのときにポイントとなるのが「8対2の法則」です。次の図4－3を見てください。

8対2の法則とは、**年間の元本返済額と最終的に残る現金預金の金額が、8対2になるように返済することです。**

もし翌年以降に減価償却費がある場合は、税引後当期純利益＋減価償却費の合計を8対2で分けるといいでしょう。

なぜ8対2がいいのか。それは、返済にはバランスが重要だからです。

もし借り入れを一刻も早く返そうと、現金預金をすべて返済に当てたとします。す

図4-3　金融機関から借入金を返済する理想の割合

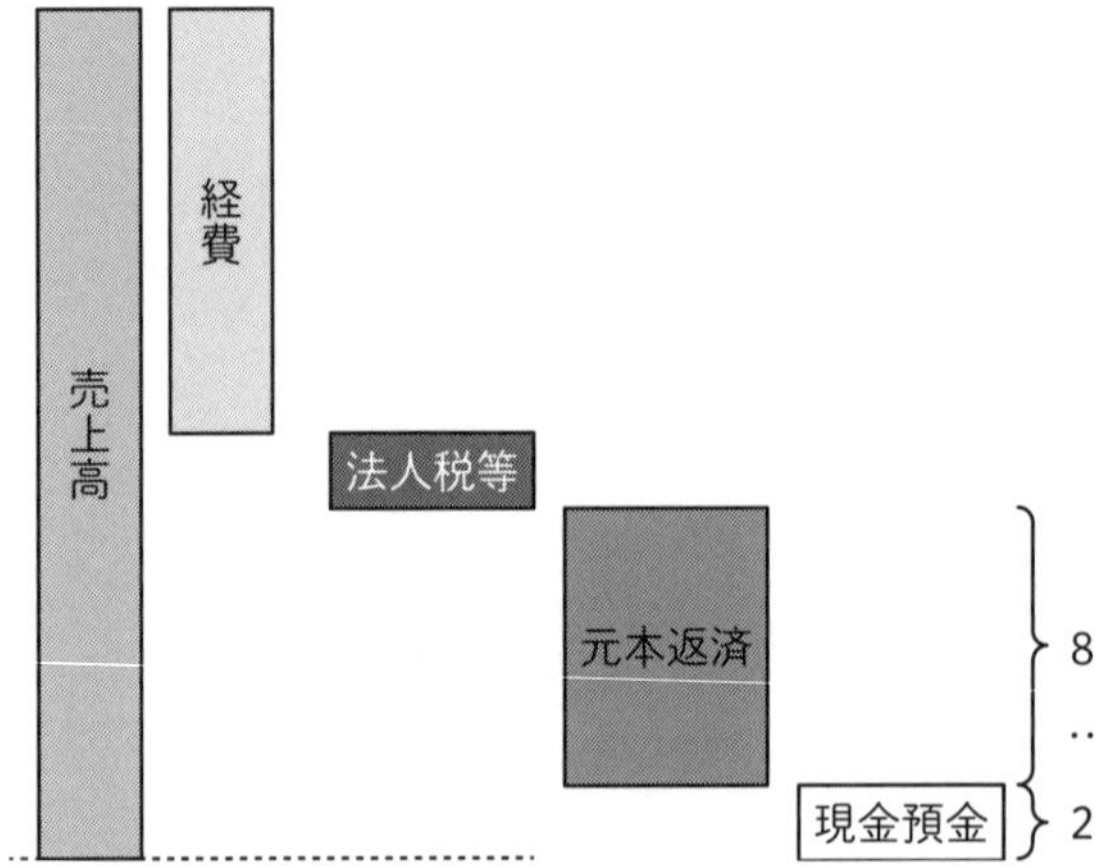

ると返済はできてもその他の要因でお金が足りなくなるため、また別の借り入れを起こさないといけません。これが、返しても返しても借金がなくならない悪循環を生み出す一因になるのです。

他にも、法人税等の支払いを正確に考慮せず、結果的に、得た現金預金以上の返済を行っているケースがありますが、この場合も結局新たな借金につながってしまいます。

一方で、現金預金を増やすために、借入期間を長くしてスローペースで返済する方もいらっしゃいます。しかし返済期間が長くなるほど利息の支払いが増えるため、過度に現金預金を守るのも避けたほうがいいでしょう。

こうした理由の結果、8対2のバランスで返済計画を組むのが最適と言われています。

良い借入金、悪い借入金

借入金は「諸刃の剣」です。うまく使いこなせば、大きな効果を発揮しますが、逆に使い方を間違えると、倒産する可能性が高まります。

例えば、1000万円の投資をしようとします。そのときに借り入れせずに通帳に1000万円を貯めようとしたらどうでしょうか。おそらく長い期間、待つ必要があります。その間にビジネスチャンスを失うかもしれません。

しかし、銀行融資を活用すればどうでしょうか。短期間に必要なお金を集められて、すぐに事業を始めることができます。お金を借りるだけでなく、**時間も買うことができる。**借入金の最大のメリットです。

もちろん、借入には金利がかかります。借りている額が大きいほど、借りている期間が長いほど、利息が多くかかります。さらに、返済が計画通りにできないと、会社が倒産する可能性も秘めています。

そのため、借り入れが必要なときに借りられて、必要がないときには、返済する。これが、一番効率的な借入金の利用方法です。そのため、**「良い借入金」は必要なときに必要な金額だけ借りるお金です。**

一方で**悪い借入金もあります。それは計画性なく借りるお金**です。借金は利息が発生し、この利息は長期的に借りるほど膨れ上がります。とくに使う目的のない借金は、無駄な利息を払っているだけですし、それで財政難に陥ったら倒産の可能性も高まってしまいます。ですから、目的を持って借り入れを起こし、そのお金を有効活用することが大切です。

しかし、ここでよく問題に挙がるのが、**銀行は借りたいときには、お金を貸してくれないという点です。**

よく、「銀行は晴れの日には傘を貸すけど、雨の日には傘を貸さない」という言葉に例えられます。業績が良いときには、快く融資をしてくれるけど、業績が悪いとき

図4-4　財務上、悪い借入金返済

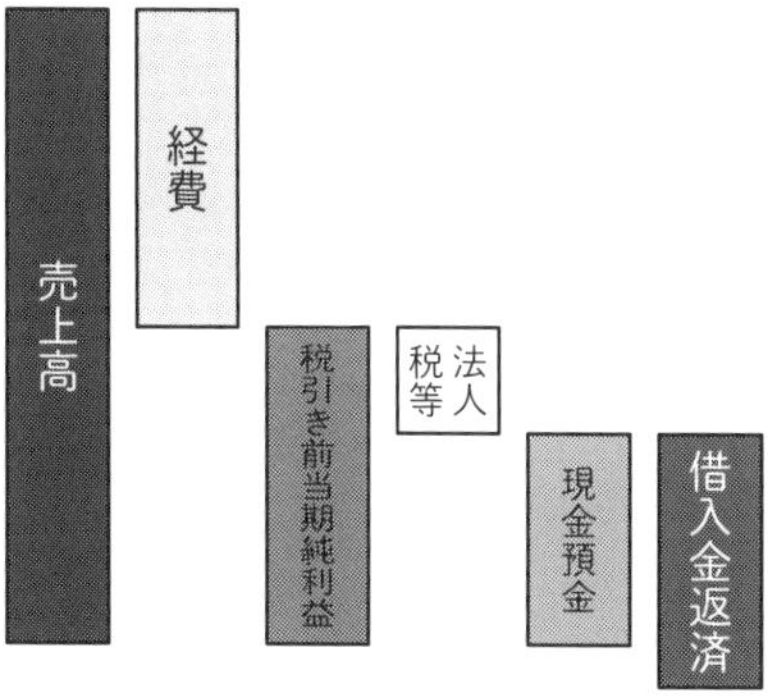

現金預金<借入金返済になっているため、返済しても預金が足りなくなり、さらに借入金を増やさなければいけない状況

には、融資をしてくれないという実情を表した表現です。そのため、創業初期や会社の財務体質が十分でないときには、必要のない借入金をせざるを得ない場合があるのです。

金融機関から融資を受ける際は、最初は5～7年程度で返済するような「長期借入金」から付き合いが始まります。そのうちに、より短期で返済するような「短期借入金」も利用できるようになります。

借入金を多めに借りておくと不要な利息を払うことになります。ですが、この利息は必要なコストと捉え、会社の損益

状況を見ながら信用を積み重ねていくことが大切です。

そのようにして自社への評価を高めていくと、金融機関から「いつでもお金を借りていいですよ」という「当座貸越枠」がもらえるようになります。貸越枠は3000万~5000万円程度が一般的です。

この**当座貸越枠は必要なときだけ低金利でお金を借りられる、便利なお財布のようなもの。**無駄な利息も払わなくなるので、支払う金利を安くできます。

キング・オブ・財務と呼ばれる「当座貸越枠」を目指せ

良い借入金の究極体は、先述した、金融機関からの「当座貸越枠」をもらうことです。

一般的には、格付けが3以上になる場合には、当座貸越枠がもらえるようになるといわれています。

そして、当座貸越枠にはもうひとつメリットがあります。それは、**比較的早くお金を借りられることです**。長期借入金や短期借入金の場合には、その都度金融機関での審査があるため、融資までに約1カ月かかります。しかし当座貸越枠ならすぐに借り入れできるので、時間的なロスがかなり削減できるのです。

当座貸越枠があれば、あなたの会社で使えるお金は格段に増えます。

例えば7000万円の現金預金がある会社が3000万円の当座貸越枠をもらえた

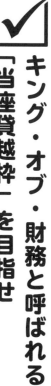

図4-5　当座貸し越し枠のメリット

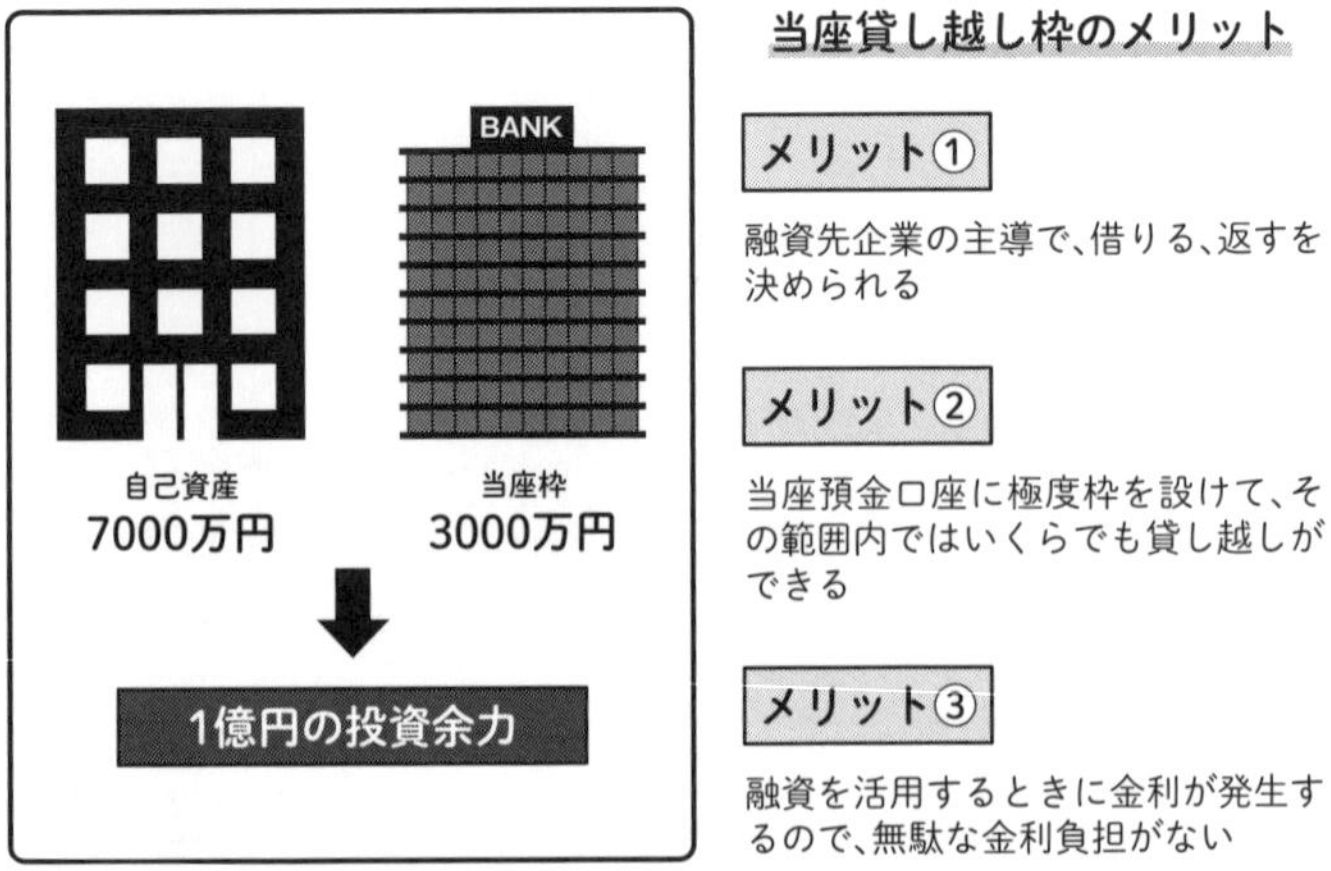
BANK
自己資産
7000万円
当座枠
3000万円
1億円の投資余力
当座貸し越し枠のメリット
メリット①
融資先企業の主導で、借りる、返すを決められる
メリット②
当座預金口座に極度枠を設けて、その範囲内ではいくらでも貸し越しができる
メリット③
融資を活用するときに金利が発生するので、無駄な金利負担がない

ら、実際に使えるお金は1億円になります。

「無借金経営」ではなくて、「実質無借金経営」を目指す

世のなかには「無借金経営」が良しとされる風潮もありますが、私は「実質的な無借金経営」こそ、銀行もうまく巻き込んだ効率的な経営だと考えています。

「無借金経営」と「実質的な無借金経営」の違いはどこなのか。

「無借金経営」とは文字通り、金融機関から借り入れをしないことを指します。

一方で、「実質的な無借金経営」は借り入れはしているものの、何かあった場合

には、すぐに借金を返済できるだけの現金預金を保有しており、借金を返済しても、なおも会社の財産状況として余力のある状態です。

金融機関は借入実績や返済実績のない会社には、いざというときにお金を貸してくれません。会社を長く存続させようと思ったら、戦略的に金融機関から借り入れて返済実績を作る必要があります。そのときのためにも、「実質的な無借金経営」は役に立つというわけです。

「据置期間」は前半天国、後半地獄

お金を借りてから元本の返済が始まるまでの猶予期間のことを「据置期間」といいます。起業したてで現金預金に余裕がない状態の場合、この「据置期間」を上手く使うと会社設立当初の経営の負担が少なくなるケースがあります。

次の例を見てみましょう。

事例①　2021年4月に返済期間10年で1000万円の融資を受けた。**据置期間は3年**、年利は3％とする。

図4-6　据え置き期間のありとなし

	据置期間有	据置期間無
融資額	1000万円	1000万円
返済期間	10年	10年
据置期間	3年	なし
年利	3%	3%

支払総額41万円の差
（万円未満を四捨五入で試算）

据置期間有	1年目	2年目	3年目	4年目	5年目	6年目	7年目	8年目	9年目	10年目
元本				130万円	134万円	138万円	143万円	147万円	151万円	156万円
利息	30万円	30万円	30万円	28万円	24万円	20万円	16万円	12万円	7万円	3万円
返済合計	30万円	30万円	30万円	159万円	159万円	159万円	159万円	159万円	159万円	159万円

据置期間無	1年目	2年目	3年目	4年目	5年目	6年目	7年目	8年目	9年目	10年目
元本	87万円	90万円	92万円	95万円	98万円	101万円	104万円	107万円	110万円	114万円
利息	29万円	26万円	23万円	20万円	18万円	15万円	12万円	8万円	5万円	1万円
返済合計	116万円	116万円	116万円	116万円	116万円	116万円	116万円	116万円	116万円	116万円

・1年目〜3年目まで：年30万円ずつ返済（利息のみ）
・4年目〜10年目まで：月１５９万円ずつ返済（元本＋利息）
・返済総額：約１２００万円
・うち利息分：約２００万円

事例②　２０２１年4月に返済期間10年で１０００万円の融資を受けた。**据置期間はなし**、年利は３％とする。

・1年目〜10年目まで：年１１６万円ずつ返済（元本＋利息）
・返済総額：約１１５９万円
・うち利息分：約１５８万円

このように、**据置期間があると始めの数年間の返済金額がぐっと抑えられます。**まだ会社にお金が十分にないときに融資を受けた場合は、この据置期間を利用して毎月の返済額を減らし、その間に事業を拡張させて売上を上げていくといいでしょう。そして事業が安定した頃に本格的に返済していくのです。

対してすでに**現金預金が十分ある会社なら、据置期間を設けずに最初から元本と利息を返済するのがおすすめ**です。その方が支払う利息も最小ですみます。

2020年にはコロナ禍での経営難を乗り切るため、日本政策金融公庫の「新型コロナウイルス感染症特別貸付」など、通称「コロナ融資」を利用する会社が多く見られました。コロナ融資は通常よりも低金利で据置期間も設定されており、かなり柔軟な融資制度といえます。しかし借りっぱなしにしていると、あとで返済が厳しくなるかもしれません。

金融機関が喜ぶ銀行交渉術

もしすでにあなたが借金のループに陥っているなら、まずは借入金の返済条件を整えるようにしましょう。

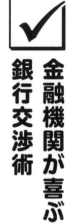

まずは、**借入先の金融機関に出向き、返済期限の近い元本の支払い延長を交渉することから始めます。**こうした返済条件の変更は、銀行から言われることはありませんので、自分から打診することが必要になります。

銀行への打診は、タイミングが非常に重要です。金融機関は基本的に3月期が最終決算です。**中間の9月と年度末の3月は、営業ノルマの最終時期になります。**

そのため、他の時期では少し無理なお願いでも、この時期なら耳を貸してくれる可能性があります。

図4－7を見てください。

銀行は、会社の3期分の決算書を入手して、会社を1から10段階において格付けを

図4-7　融資の格付け　例

スコア	格付け	内容
正常	1	リスクはない
	2	ほとんどリスクはない
	3	リスクがややある
	4	リスクはあるが良好な水準
	5	リスクはあるが平均的な水準
	6	リスクがやや高いが許容範囲内
	7	リスクが高く注視して管理
要注意・警戒先	8	債務不履行に陥る危険性が高い
要注意・延滞先	9	債務不履行に陥っており、解消の目処が立たない
事故先	10	債務不履行に陥っており、債権回収不可能

します。会社設立時は格付け7から始まりますので、7段階の格付けと表現する方もいます。

良い決算書が出来上がると、格付けが1に近づいていきます。

どれくらいの決算書を作成すれば、格付けが上がるのかは、金融機関がそれぞれ独自のデータベースを利用して格付けされていますので、公表はされていません。業種、年商や様々な決算数値を分析して、倒産リスクを算出して決定します。決算内容が良いとスコアリングも上位に格付けされるため、より有利な条件で借入できる可能性が高いのです（※格付けの方法や内容、段階は各金融機関によって異なります）。そのため、良い決算書ができた後の銀行交渉もおすすめです。

複数の金融機関と付き合おう

会社を設立した直後は、法人口座を開設した金融機関としか付き合いがありません。しかし、**早期から複数の金融機関とお付き合いし、複数先から融資を受けるようにしましょう。**

もし一社からしかお金を借りていないと、融資条件が悪くなったり、融資を打ち切ると言われた際に、言うことを聞くしかありません。複数の金融機関で借り入れ実績があれば、条件の悪くなった金融機関とは距離を置くことができます。

金融機関には、メガバンク（都市銀行）、地方銀行、信用金庫など多くの種類があります。

その金融機関によっても融資条件や融資審査の基準が異なります。A地方銀行で融資が受けられなくても、B信用金庫で承認されるケースもあるので、常に複数の金融機関と付き合っておくのがおすすめです。

また、**日本政策金融公庫や商工中金といった政府系金融機関との付き合いも欠かせません**。まだ大きな利益を出せない時期でも利用できる融資制度が、複数用意されているからです。

これまで私が相談を受けた社長のなかには、「1回だけ借り入れできればいいや」など、金融機関との関係性を軽視している方もいらっしゃいました。しかし、金融機関、銀行もひとつの取引先です。将来を見据えて信頼関係を築くことはとても重要なのです。

会社にお金がないと当然のように倒産しますが、**金融機関はそのお金を仕入れる大切な仕入れ先です**。金融機関をないがしろにして泣きを見るのは、自分かもしれません。金融機関とも信頼関係を築いておきましょう。

売上目標ではなくて現金目標を立てる

第1章の繰り返しになりますが、「現金経営」が実現できている会社の財務構造は、図4－8のようなバランスで成り立っています。現金預金の目標額を蓄えるには、次のように、貯めたい現金預金額から「逆算して考える」ことが必要になります。

①1年後に増やしたい現金預金の金額を決める
②1年間の返済する元本を計算
③おおまかな法人税等の金額を計算
④おおまかな経費の金額を計算

まずは、1年後に現金預金をいくらに増やしたいのかを考えます。次に、すでに借りている融資の「返済予定表」を見て、1年間に返済する元本の合計額を計算します。

図4-8　現金預金の目標額の決め方

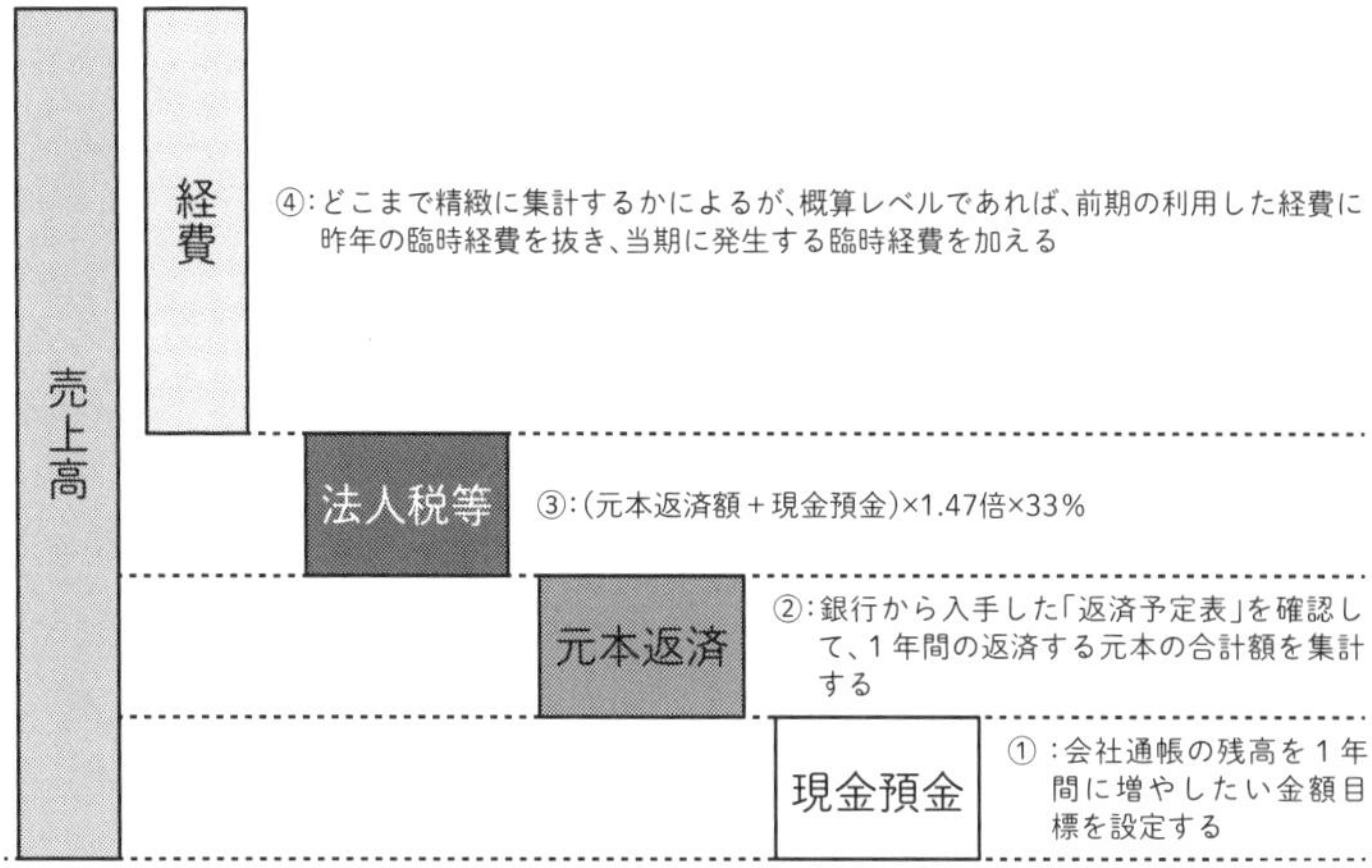
売上高
経費
④：どこまで精緻に集計するかによるが、概算レベルであれば、前期の利用した経費に昨年の臨時経費を抜き、当期に発生する臨時経費を加える
法人税等
③：（元本返済額＋現金預金）×1.47倍×33％
元本返済
②：銀行から入手した「返済予定表」を確認して、1年間の返済する元本の合計額を集計する
現金預金
①：会社通帳の残高を1年間に増やしたい金額目標を設定する

そして、法人税等の概算を計算します。

このとき、1・47倍の法則を利用すれば簡単に概算がわかります。

（元本返済額＋増やしたい現金預金）×1・47倍×33％

最後に、前期の決算書を見ながら、今年の経費の概算を考えます。「販売費および一般管理費」から前期の臨時的な経費を抜いて、今期の臨時的な経費を加えるのを忘れないようにしましょう。

この流れで計算していけば、今期に稼ぐべき売上高を算出できます。

ちなみに①〜③での数字を足し合わせれば、今期に稼ぐ必要のある税引前当期純利益目標額になります。

では、ケーススタディで考えてみましょう。

1年間で120万円の現金預金を増やす場合、1年間で稼ぐべき売上高、税引前当期利益はどれくらいでしょう。現在の返済額は毎月5万円＋利息、前期の経費は合計1000万円で、臨時出費などはなかったものとします。

①1年後に増やしたい現金預金＝120万円
②1年間の元本返済額＝月5万円×12カ月＝年60万円
③法人税等＝（60万円＋120万円）×1・47倍×33％＝約87万円
④前期の経費＝1000万円

↓今期に稼ぐ税引前当期純利益額＝120万円＋60万円＋87万円＝267万円
今期に稼ぐ売上高＝120万円＋60万円＋87万円＋1000万円＝1267万円
となります。
もしも、この流れで計算したとき、現実的ではない売上高や税引前当期純利益額が算出された場合、次のような対策を考えましょう。

①返済額を減らす

相対的に見て融資の元本返済額が多い場合は、返済のペースを落とします。場合によっては金融機関に交渉し、借り入れの条件変更ができないか尋ねてみましょう。

②経費を削減する

節税を意識するあまり過度に経費を使っている場合には、浪費節税がないか、繰延節税をしすぎていないか見直します。浪費節税は削減していきます。

また、業績以上に多くの役員報酬を取りすぎている場合もあります。役員報酬を見直すことで、会社の財布の中身を増やすことができます。

③現金預金の目標額を削減する

現金預金の目標額が高すぎると、現実的でない売上高が必要になってしまいます。現在会社の財布が赤字なら、まずは年１００万円、次年度は２００万円など、徐々に目標額を上げていくといいでしょう。

図解でわかる財務構造で会社を診断

当初に理想的な財務構造を目標に据えても経営を続けていくうちに思い通りにいかないことも多々あるはずです。そのときに大切なのは、現在の構造に対して何かしらの改善策を考え、期を通じて実行、実現していくことです。

よくある財務構造モデルとその改善ポイントや、理想的な財務構造モデルを順に見ていきます。

①売上高＜経費の赤字モデル

売上高よりも経費が大きくなっている場合は、節税をしすぎているか、原価が高すぎる可能性があります。たしかに法人税等の負担は最小限にとどめられますが、このままだと現金預金がなくなり、資金ショートを起こす可能性も。浪費節税をやめ、繰延節税や原価を削減してみましょう。キャッシュフローが苦しければ早急に金融機関に相談して融資を受けてください。

②借り入れの元本返済が大きく返済しすぎモデル

中小企業によく見られる典型的な財務構造です。売上高＞経費となっているので、利益はしっかりと出ています。しかし会社の体力以上に返済を行っているために、借入金の減少と共に預金残高も減少しています。すぐに金融機関に連絡して、借入金の返済期限を延ばす交渉をしましょう。

③理想的な財務構造モデル

理想的な財務構造になっています。このバランスを維持しながら業績を上げていけば、会社の価値が上がって借入金の残債も順調に減り、会社の財布も増えていくでしょう。

図4-9　NGな財務構造

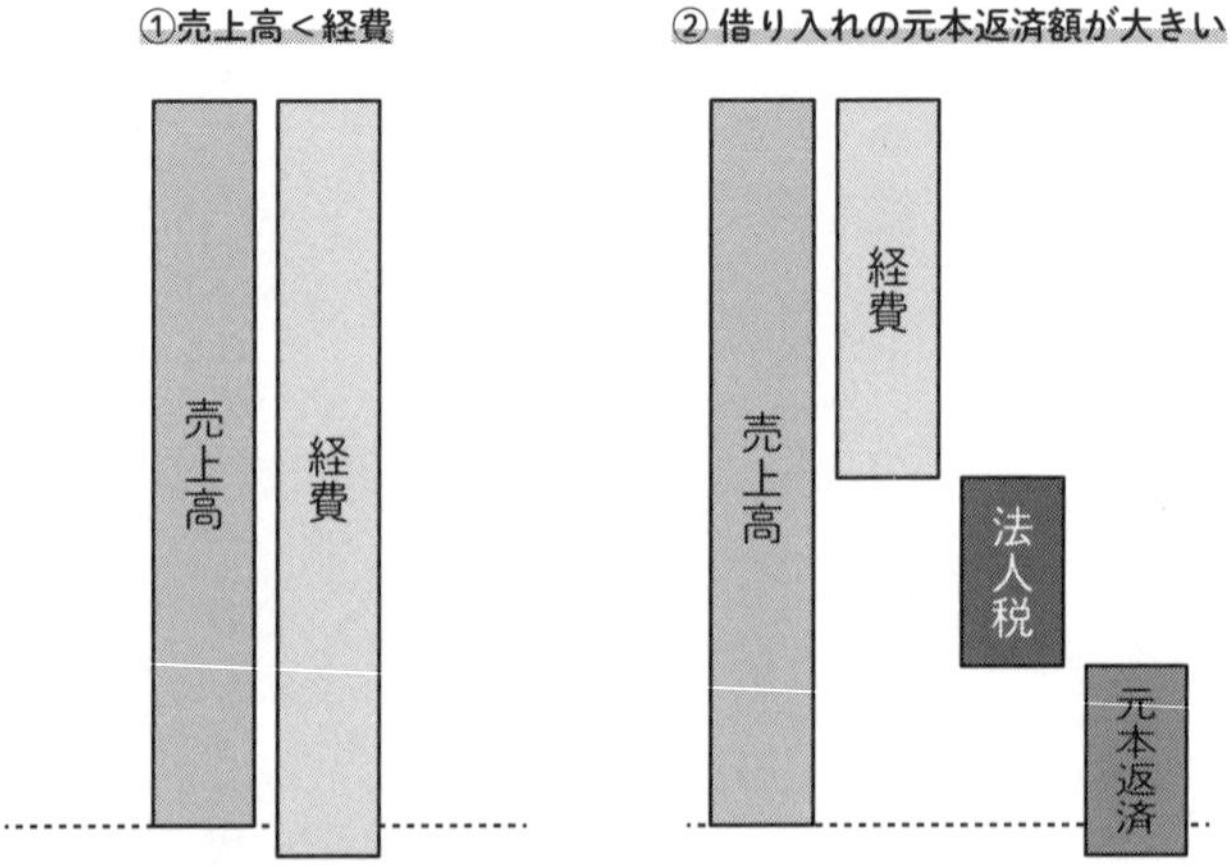

図4-10　目指すべき財務構造

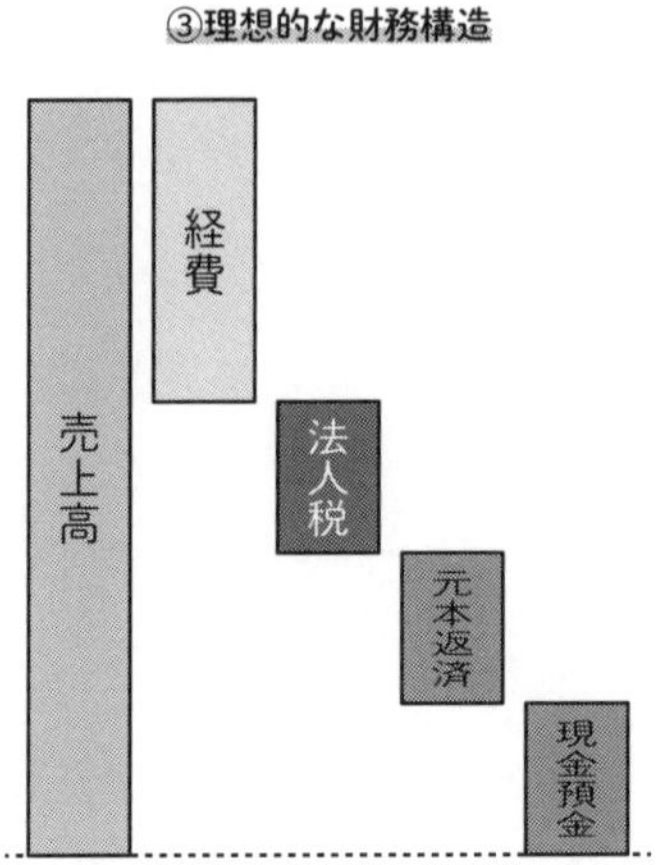

融資以外の6つの資金調達方法

資金調達方法として、金融機関からの融資が最も一般的ですが、それ以外に補助金や助成金など、最近ではクラウドファンディングという選択肢も生まれました。これらを知っているかどうかで経営方針が大きく変わるかもしれません。将来的にあなたの武器になるかもしれない6つの資金調達方法について見ていきます。

①増資（株を発行する）

会社の株式を追加で発行し、資金調達する方法です。**資金調達額に特に制限はないので、株主が集まればいくらでも資金が集められます**。特に返済義務もありませんが、出資した投資家は配当金や株の売却益で利益が出ることを期待しているので、その期待に応える必要があります。

増資するためには、株主総会や取締役会での手続きを経て、資本金増額の登記を行うなどの手続きが必要です。資本金の増加によって税金が上がる可能性もあります。最大のデメリットは、株主が会社の支配権を得る可能性があることです。そのため、支配権や議決権に制限をつけた種類株式の発行も検討すべきです。

②補助金

「小規模事業者持続化補助金」や「ものづくり補助金」など、一定の条件に沿って募集されている補助金制度に応募して、資金を受け取ります。事前に事業計画書を作成し、その計画に沿った補助金を調達するため、補助金の使用使途は限られます。**調達できる金額はその補助金制度によって異なり、数十万円〜数千万円程度と幅広いです。**資金の返済義務のない補助金もあります。

補助金のデメリットは、**資金調達までに半年以上かかること、また実際に事業計画で書いた経費のお金を支出したあとに補助金が補填されるので後払いになることです。**一時的な費用の立て替えのため、融資などを受ける必要があるかもしれません。**また、採択率があり、事業計画書を作成して申請しても、落選してしまう可能性があります。**

③助成金

一定の条件を満たしている場合に応募し、お金を得る方法です。厚生労働省が従業員の採用や福利厚生のために助成金を出しているほか、コロナ関連で複数の助成金制度が利用できます。**大きなメリットは、返済の義務がないためそのままお金を受け取れることです。**また**資金使途も自由なので、何に使ってもかまいません。**

ただ、デメリットとして、**金額的には数十万円～数百万円程度とそこまで多くありません。**また厚生労働省の助成金だと**資金調達までには1年以上かかり、**社会保険料を払ったあとに受け取れます。緊急時に利用するには不向きでしょう。

④クラウドファンディング（購入型）

一定の目的に対して賛同する個人から資金調達をする方法です。**購入型のほかに投資型・寄付型・貸付型・ファンド型・株式型などがありますが、購入型の利用が過半数を占めています。調達したお金の返済義務はありませんが、事前に定めた通りの用途にお金を使い、集めた資金の代わりに自社商品等を返す必要があります。**

準備から調達までに1カ月以上かかり、クラウドファンディングの宣伝も必須です。

調達できる金額は数百万円程度が一般的ですが、社会的な意義が大きかったり、支援者の対象が広かったりすると、多くの支援が集まる可能性があります。

⑤私募債（縁故債）

株式会社が発行する債券のことです。49人以下しか公募できないため「縁故債」とも呼ばれます。銀行融資と同じように返済期間が決まっていて、このスケジュール通りに返済することが必要です。資金使途は自由なので何に使ってもかまいません。また株式のように会社の支配権に対する影響もないのが特徴です。

調達できる金額は、49人という限度があるため、数百万円～数千万円が一般的です。また調達までには1カ月以上の時間がかかります。時間的な余裕があるとき、出資者の検討がついているときに利用するといいでしょう。

⑥契約者貸付

民間の保険会社で「養老保険（一定額を払い込むと、死亡保険金や満期保険金が受け取れる貯蓄性の高い保険のこと）」**に加入している場合に利用できる制度です。**すでに払い込んでいる保険料から算出された「解約返戻金」の70％～90％が調達できます。

最大のメリットは資金調達のスピードです。審査などが不要なので、１週間程度で借り入れができます。

また、資金使途が自由であり、解約返戻金が減額されてもよければ返済しなくてもいいので、資金繰りがピンチのときに強い味方になります。ただし解約返戻金が少ない場合は、あまりあてにできません。

会社で生命保険に加入するときには、この契約者貸付の有無や借りられる割合などを加味した上で商品を選ぶといいでしょう。

第４章のココがポイント！

- 借入金の無限ループに陥らないために、借入時の1.47倍の法則と返済時の８対２の法則を身につける
- 当座貸越枠をもらえように、利益を出して、財務健全な会社を作り、銀行とは良好な関係を保つ
- 無借金経営ではなくて、実質無借金経営を目指す
- 金融機関の交渉はタイミングが大切である
- 多くの金融機関との関係をもち選択肢を広げる
- 売上目標ではなくて、現金目標を立てる

付　録

お金を残す
税理士を選ぶ

お金を増やす提案&話しやすさ

社長と税理士のお付き合いは、会社の創業前から始まります。創業時の手続きや、毎月もしくは決算期の税務手続きなど、最低限の業務だけ依頼している方も少なくないでしょう。しかし、これまでこの本で説明してきたように、**税理士と上手に付き合うと、会社の現金預金を徐々に増やすことができます。**

その意味では、税理士は「金のなる木」だと言えます。税務知識やアドバイスによって、会社の財政を好転させる力があるからです。

ここからは、税理士を選ぶ際に重要な6つのポイントをお伝えします。

お金を増やすための提案

1つ目のポイントは、**お金を増やすための提案があるかどうかです。**

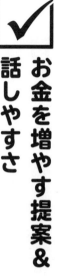

税金に関する基本的なアドバイス以外に、これから募集される補助金や助成金の情報、投資節税や繰延節税に関する提案など、さまざまな提案ができる税理士を選ぶといいでしょう。

例えば、1件あたり数十万円~数千万円程度が下りる補助金を利用できるかどうかで、会社の財政状況は大きく変化します。増資や私募債について、正確な知識を持っているか、また金融機関の資金調達方法を知っているかどうかで、自社のキャッシュフローは変わります。

話しやすいかどうか

仕事のパートナーはそのスキルやテクニックだけでなく、**人格的な「相性」も重要だと思います。特に税理士は一度依頼したら長い付き合いになるケースが多いです。**顧問契約を結んで長期的に関わった方が、その会社のことを深く理解してくれれば、会社の財務状況や社長の性格に合った提案ができるようになります。そのため、**あなたが気軽に話しやすく、接しやすいような税理士を選ぶのがポイントです。**

例えば、今まで消費税が簡易課税だったクライアントから、「来期は店舗を3つ出店するんですよ」という話を税理士が聞いたとします。このとき、その会社について理解している担当者ならば、「今のうちに原則課税に変更しておけば、消費税の還付が受けられるかもしれないですね」といった提案をするでしょう。しかし、その会社のことをあまり理解していない方ならば、その内情を知らないため、こういった提案はできないかもしれないのです。

もちろん、税理士側からクライアントに歩み寄っていくのも大切です。

ただ、基本的に税理士が申告書類を見られるのは、クライアントが何かしらの行動を取ったあとです。

結果を見てから「これはやらない方がよかったですね」という話をしても取り返しがつかないので、**行動する前に相談できる間柄になれるといいでしょう**。話しやすい税理士を探して、あなたの会社のよき理解者になってもらってください。

記帳の速さ＆ＩＴリテラシーの高さ

３つ目のポイントは、**記帳業務の速さです**。

帳簿への記帳を税理士に依頼する際は、会社の規模にもよりますが、１カ月半〜２カ月ほどかかるのが一般的です。

しかし、この**記帳結果は大切な数値なので、記帳に1カ月かかるか2カ月かかるかによって、経営判断のスピードに関わってきます**。ですから、この記帳スピードの速さは、税理士を選ぶひとつの重要な判断基準となります。

また、金融機関から融資を受ける場合、決算書の簡易版である「試算表」を出さないと融資しませんという話もあります。そのため、ある程度早く試算表を出せる税理士でないと、融資タイミングを逃してしまう可能性があるのです。

「速い」ことはそれだけで大きな価値があります。

時間こそ大切な資産と捉えて、大切な記帳業務がスピーディーに行える税理士を選ぶのがおすすめです。

次に、４つ目のポイントは、**ＩＴリテラシーの高さです。**

３つ目のポイントと関連しますが、メールやチャットなどを通常のビジネスパーソンと同等に使えるかどうかによって、何か質問や相談をしたときのレスポンスの早さが変わってきます。

「時は金なり」。スピーディーな対応ができるかどうかは、大きな判断ポイントでしょう。

実は税理士の平均年齢は、60歳程度といわれています。

意外と高年齢な方が多いことに驚きませんか？

税務署に長く勤めると税理士資格を付与される点や、税理士には定年がない点が影響していると考えられます。

財務等の税務以外のアドバイス&複数の士業との連携力

5つ目のポイントは、**財務など税務以外のアドバイスができるかどうかです。**

というのも、税理士試験には財務論や法人税、消費税、所得税などの内容が網羅されているのですが、「財務」という分野がありません。ただ税理士資格を取っただけの方では、財務系のアドバイスができないのが普通なのです。

しかしこれまでお話しした通り、健全な経営のためには、経営力・税金力・財務力が必要です。特に法人のキャッシュフローは、金融機関に関する知識がなくては十分に検討できません。

ですから、**金融機関から融資を受けるためにはどうしたらいいのか、その他キャッシュフローを良くする方法はあるのか、最近のトレンドはどうなっているのか**などを自主的に学んでいる税理士に依頼するのがおすすめです。

財務項目に詳しければ、会社経営におけるキャッシュフローのアドバイスをすることができ、結果的に会社の倒産リスクを抑えることができます。これは月数万円の顧問相談料を節約するよりも、はるかに大きな価値があるのではないでしょうか。

最後に、6つ目のポイントは、**複数の士業と連携しているかどうかです。**

会社経営に関わる業務のすべてを税理士で補うことはできません。

次のようにさまざまな士業の力が必要です。

・会社設立や許認可関連：行政書士や司法書士
・従業員の労務関連：社会保険労務士（社労士）
・補助金の申請関連：中小企業診断士
・民事訴訟、刑事訴訟関連：弁護士

それぞれ士業には専門分野があり、その資格保有者しかできない「独占業務」も一定数あります。ですから、さまざまな士業の方と連携できる税理士を選ぶと、それぞれの専門家を選ぶ手間が省くことができます。

また、情報の連携もスムーズに行うことが可能になりますので、あなたがそれぞれの士業に対して、同じことを毎回も説明する必要がなくなるので便利なのです。

理想的なのは、**税理士を窓口にすべての士業とつながることです**。

例えば、給与計算ひとつ取っても、社会保険労務士があなたの会社の経理担当者から給与明細を受け取って内容を確認し、税理士がそれに基づいて記帳します。

これを別々の窓口で行っていると大変ですよね。ぜひ窓口をひとつにして、あなたや従業員の手間を減らすといいでしょう。

付録のココがポイント！

- 税理士は、「金のなる木」だと認識する
- 補助金や助成金の情報など、積極的にアドバイスしてくれる人を選ぶ
- 長く付き合うためにコミュニケーションの相性を重視する
- 記帳の速さは経営判断のスピードに関わってくる
- IT リテラシーの高さが満足度につながることもある
- 税務以外の財務の知識があると網羅的なアドバイスも期待できる
- すべての士業とつながっている税理士を選ぶと情報の連携がスムーズになる

おわりに

ここまで、本をお読みいただきありがとうございます。

私の経験や知識が少しでも皆さまの血となり肉となり、1日でも長く続く会社をつくっていただきたいと考えています。皆さまの会社の発展が、間接的には、日本経済の発展につながり、社会に還元できると考えています。


ここから、少し私の話をさせてください。

私は、幼少期の頃から病弱で、高校は中退して最後は、通信高校を卒業しました。そこから、一浪して、大学に入学して、20歳から独立の夢を描きました。その当時、独立の仕方も会社設立の方法も何もわからずに、祖父と父親の影響で公認会計士として、会計、税金や経営のことを学ぶことを決意しました。20歳で思い描いた独立という夢を達成できたのは、29歳の終わりでした。

私も独立という道を決断するのに、9年間かかりました。そこには、会社は潰れるのではないか？　うまくいかないのではないか？　という気持ちがありました。そんな、20歳の夢に満ち溢れていて、野心のあった、自分に読んでもらいたい本として、極力わかりやすく執筆しました。

現在、私自身も士業事務所の経営をしています。今では、社内の多くの士業と連携して、経営、税務、財務の他にも、会社の大きなライフイベントである、補助金、助成金、M&A、事業承継、相続等も支援させていただいております。

私たちの士業事務所には「ストラーダ」という社名がついております。ストラーダというのは、イタリア語で「道」という意味があります。

会社経営というのは、終わりなき道を走ることだと思います。この本で述べさせていただいた通り、会社は一生涯継続する前提で経営をしています。また、私たちも一生涯寄り添う覚悟で、お客様の発展に寄与する使命があります。

そのためには、私たちは、皆さまに「潰れない会社」づくりの方法を一人でも多くの方に伝える使命があります。

最後に、本の執筆にあたり、多くの方が関与・支援していただきました。本の執筆の機会をいただいた、金川顕教さん、岡部昌洋さんや総合法令出版さんに、ここに感謝申し上げます。

また、日ごろから支えてくれている役員や社員の方々、幼少期から今まで私のためを思いアドバイスをしてくださった方々、家族、親族、一緒に時を共にした同級生、後輩、先輩や経営者の諸先輩方、そして弊社のお客様から様々な価値観や知識をいただき、ひとつの作品を作り上げることができました。

この本が一つのメッセージとして、世に出ることを大変嬉しく思います。

公認会計士・税理士　山田直輝

ストラーダ税理士法人
info@strada-tax.jp

LINEアカウント
（ストラーダ税理士法人）

山田直輝（やまだ・なおき）

1985年生まれ。中央大学卒業。
2009年公認会計士試験に合格。その後、有限責任監査法人トーマツに入所し、メーカー、サービス業、商社等の上場企業の会計監査や内部統制監査を行う。その後、アドバイザリー部門に部署移動して、ベンチャー企業支援、賠償業務算定の構築や上場支援業務、企業リスクにおけるリスクマネジメントを行う。2015年に独立して、ストラーダ税理士法人を設立。税理士・公認会計士・社会保険労務士・中小企業診断士・行政書士などの複数の士業が集まるグループの代表である。

9割の経営者が知らない
会社のお金を増やす方法

2021年5月19日　初版発行
2021年7月5日　2刷発行

著　者　山田直輝
発行者　野村直克
発行所　総合法令出版株式会社
〒103-0001 東京都中央区日本橋小伝馬町15-18
EDGE小伝馬町ビル9階
電話　03-5623-5121
印刷・製本　中央精版印刷株式会社

落丁・乱丁本はお取替えいたします。

ISBN 978-4-86280-800-4
総合法令出版ホームページ　http://www.horei.com/